Madre que ORA

STORMIE OMARTIAN

Publicado por
Unilit
Medley, FL 33166

© 2016 Editorial Unilit (Spanish translation)
Primera edición 2016 (Serie Favoritos)

© 2015 por *Stormie Omartian*
Originalmente publicado en inglés con el título: *The Power of a Praying Mom*
Publicado por *Harvest House Publishers*
Eugene, Oregon 97402
www.harvesthousepublishers.com

Reservados todos los derechos. Ninguna porción ni parte de esta obra se puede reproducir, ni guardar en un sistema de almacenamiento de información, ni transmitir en ninguna forma por ningún medio (electrónico, mecánico, de fotocopias, grabación, etc.) sin el permiso previo de los editores.

Traducción: *Nancy Pineda*
Diseño de la cubierta e interior: *Harvest House, Eugene, Oregon*
Fotografía de la cubierta: © *Michael Gómez Photography*

Parte del material de este libro se tomó de:
The Power of a Praying® Parent Book of Prayers
The Power of a Praying® Woman Book of Prayers
The Power of Praying® for Your Adult Children Book of Prayers
30 Days to Becoming a Woman of Prayer Book of Prayers

A menos que se indique lo contrario, el texto bíblico ha sido tomado de la versión Reina Valera © 1960 Sociedades Bíblicas en América Latina; © renovado 1988 Sociedades Bíblicas Unidas. Utilizado con permiso.
Reina-Valera 1960® es una marca registrada de la American Bible Society, y puede ser usada solamente bajo licencia.
Las citas bíblicas señaladas con (LBLA) son tomadas de *La Biblia de las Américas*®.
Copyright © 1986, 1995, 1997 por The Lockman Foundation. Usadas con permiso.
www.lbla.org.
El texto bíblico indicado con «NTV» ha sido tomado de la *Santa Biblia*, Nueva Traducción Viviente, © Tyndale House Foundation 2008, 2009, 2010. Usado con permiso de Tyndale House Publishers, Inc., 351 Executive Dr., Carol Stream, IL 60188, Estados Unidos de América. Todos los derechos reservados.
El texto bíblico señalado con RVC ha sido tomado de la Versión Reina Valera Contemporánea™ © Sociedades Bíblicas Unidas, 2009, 2011. Antigua versión de Casiodoro de Reina (1569), revisada por Cipriano de Valera (1602). Otras revisiones: 1862, 1909, 1960 y 1995. Utilizada con permiso.
Las citas bíblicas señaladas con DHH se tomaron de *Dios Habla Hoy*®, tercera edición.
© Sociedades Bíblicas Unidas 1966, 1970, 1979, 1983, 1994. Dios habla hoy® es una marca registrada de Sociedades Bíblicas Unidas y puede ser usada solo bajo licencia.
Las citas bíblicas seguidas de NVI® son tomadas de la Santa Biblia, Nueva Versión Internacional ®. NVI®
Propiedad literaria © 1999 por Bíblica, Inc.™
Usado con permiso. Reservados todos los derechos mundialmente.

Nota de la Editorial: A fin de evitar las engorrosas repeticiones de la explícita alusión a ambos sexos, siempre se menciona el masculino genérico «hijos» para referirse también a las «hijas».

Producto: 497027
ISBN: 0-7899-2277-0 / 978-0-7899-2277-9

Categoría: *Vida cristiana / Crecimiento espiritual / Oración*
Category: *Christian Living / Spiritual Growth / Prayer*

Impreso en Colombia / *Printed in Colombia*

Contenido

Introducción 10

1. Señor, acércame hacia un caminar
   más íntimo contigo 12
   Ayuda a mis hijos para que deseen vivir
   a tu manera 13

2. Señor, ayúdame a conocer la verdad 14
   Planta tu verdad en el corazón de mis hijos 15

3. Señor, límpiame y haz que mi corazón
   sea recto ante ti 16
   Haz que mis hijos confiesen pronto sus pecados . . 17

4. Señor, muéstrame la verdad acerca de mí 18
   Ayuda a mis hijos para que nunca permitan el
   pecado secreto 19

5. Señor, ayúdame a ser una persona perdonadora . . . 20
   Enseña a mis hijos a perdonar con rapidez 21

6. Señor, dame sabiduría para tomar
   buenas decisiones 22
   Dales a mis hijos gran sabiduría 23

7. Señor, enséñame a andar en obediencia
   a tus caminos 24
   Dales a mis hijos un corazón que desee obedecer . . 25

8. Señor, ayúdame a entender tu propósito
   para mí 26
   Dales a mis hijos un sentido de propósito 27

9. Señor, fortaléceme para estar firme
   contra el enemigo 28
   Destruye las fortalezas impías que
   amenazan a mis hijos 29

10. Señor, ve delante de mí como un escudo 30
    Sé el protector de mis hijos 31

11	Señor, muéstrame cómo tomar el control de mi mente	32
	Dales buen juicio a mis hijos	33
12	Señor, transforma mis pensamientos de modo que te glorifiquen	34
	Llena las mentes de mis hijos con pensamientos piadosos	35
13	Señor, llévame más profundo en tu Palabra	36
	Enseña a mis hijos a conocer más de ti	37
14	Señor, guíame con tu ley	38
	Ayuda a mis hijos a buscar tu dirección	39
15	Señor, ayúdame a poner mi vida en el orden adecuado	40
	Enseña a mis hijos a establecer prioridades piadosas	41
16	Señor, ayúdame a limpiar mi casa	42
	Llena el cuarto de mis hijos con tu presencia	43
17	Señor, prepárame para ser una verdadera adoradora	44
	Instruye a mis hijos para que sean adoradores agradecidos	45
18	Señor, desarrolla en mí una gran fe en ti	46
	Planta en mis hijos semillas de fe fuerte	47
19	Señor, muéstrame los dones que has puesto en mí	48
	Revela los dones y talentos de mis hijos	49
20	Señor, confirma la obra de mis manos	50
	Permite que la obra en la vida de mis hijos te glorifique	51
21	Señor, permíteme llevar el fruto de tu Espíritu	52
	Llena el corazón de mis hijos con esperanza, paz y gozo	53

22	Señor, ayúdame a dar buenos frutos	54
	Dales a mis hijos una vida fructífera	55
23	Señor, guárdame en santidad	56
	Ayuda a mis hijos para que les atraiga lo que es santo	57
24	Señor, quiero ser pura como tú eres puro	58
	Guía a mis hijos para que tomen decisiones por la pureza	59
25	Señor, llévame al propósito por el que me creaste	60
	Ayuda a mis hijos a escuchar tu llamado	61
26	Señor, ayúdame a andar en el camino que te agrade	62
	Ayuda a mis hijos a caminar sometidos a ti	63
27	Señor, guíame en todas mis relaciones	64
	Protege las relaciones de mis hijos con los familiares	65
28	Señor, ayúdame a ser amable y amorosa con los que me rodean	66
	Ayuda a mis hijos a ser pacificadores	67
29	Señor, protégeme a mí y a todos los que me preocupan	68
	Pon un cerco de protección alrededor de mis hijos	69
30	Señor, sé mi refugio y mi fortaleza	70
	Guarda a mis hijos seguros en todo momento	71
31	Señor, ayúdame a perdonar a otros de la manera que tú me perdonaste a mí	72
	Dales a mis hijos un corazón que sea pronto en perdonar	73
32	Señor, llena mi mente de sabiduría, entendimiento y conocimiento	74
	Ayuda a mis hijos a tomar siempre decisiones sabias	75

33	Señor, fortaléceme para resistir la tentación	76
	Guarda a mis hijos de la tentación	77
34	Señor, guarda mi vida de los peligros de la tentación.	78
	Libra a mis hijos de la tentación de hacer el mal	79
35	Señor, sáname de todas las formas posibles	80
	Protege a mis hijos de daño o enfermedad	81
36	Señor, ayúdame a aprender a cuidar mi cuerpo como es debido	82
	Ayuda a mis hijos a cuidar de su cuerpo	83
37	Señor, líbrame del temor impío	84
	Libra a mis hijos de todo temor	85
38	Señor, ayúdame a servirte con reverencia	86
	Enseña a mis hijos a reverenciarte	87
39	Señor, úsame para influir en la vida de los demás. . .	88
	Enseña a mis hijos cómo influir en otros por ti . .	89
40	Señor, muéstrame cómo ser una bendición para otros	90
	Enseña a mis hijos cómo ayudar a las demás personas	91
41	Señor, instrúyeme para expresar palabras que traigan vida	92
	Llena el corazón de mis hijos con palabras que te agraden	93
42	Señor, permite que siempre diga palabras que te honren	94
	Enseña a mis hijos a decir palabras de aliento	95
43	Señor, guíame al futuro que tienes para mí	96
	Dales a mis hijos un gran futuro	97
44	Señor, ayúdame a poner mi futuro en tus manos	98

	Dales a mis hijos un futuro largo y bueno	99
45	Señor, te pido un renovado fluir de tu Espíritu en mí	100
	Derrama tu Espíritu en mis hijos	101
46	Señor, enséñame a decir siempre la verdad	102
	Dales a mis hijos un corazón que sea veraz	103
47	Señor, abre mis ojos para entender tu Palabra	104
	Ayúdame a enseñarles a mis hijos a amar tus leyes	105
48	Señor, ayúdame a recordar siempre que tú eres mi refugio	106
	Esconde a mis hijos de los ataques del enemigo	107
49	Señor, escúchame cuando clamo a ti en tiempos de angustia	108
	Enseña a mis hijos a volverse pronto a ti por ayuda	109
50	Señor, permíteme mantenerme fuerte en ti	110
	Rodea a mis hijos con tus ángeles	111
51	Señor, enséñame a descansar siempre en ti	112
	Ayuda a mis hijos a sentir tu presencia y protección	113
52	Señor, ayúdame a decirle no a la tentación	114
	Protege a mis hijos de la contaminación espiritual	115
53	Señor, ayúdame a tomar el escudo de la fe	116
	Enseña a mis hijos para que tengan una gran fe	117
54	Señor, ayúdame a vivir en tu voluntad	118
	Dales a mis hijos el deseo de conocer tu voluntad	119
55	Señor, muéstrame tu propósito para mi vida	120
	Dales a mis hijos un sentido de propósito	121

56	Señor, ayúdame para cuidar de mí	122
	Permite que mis hijos tomen decisiones para la buena salud	123
57	Señor, envía tu Palabra para que me sane	124
	Vigila la salud de mis hijos	125
58	Señor, ayúdame a encontrar tu gracia en mi momento de necesidad	126
	Corona la vida de mis hijos con tus misericordias	127
59	Señor, enséñame a ser una buena amiga de los demás	128
	Ayuda a mis hijos para que escojan sus amistades con sabiduría	129
60	Señor, guárdame del mal camino	130
	Permite que mis hijos se resistan a las malas influencias	131
61	Señor, ayúdame a no tener dudas acerca de mi futuro	132
	Dales a mis hijos un futuro de paz	133
62	Señor, ayúdame a nunca rendirme	134
	Guarda a mis hijos del desánimo	135
63	Señor, ayúdame a ser santa como tú eres santo	136
	Dales a mis hijos un corazón limpio	137
64	Señor, ayúdame a ser una adoradora que te agrade	138
	Permite que mis hijos tengan un corazón agradecido hacia ti	139
65	Señor, ayúdame a servirte al cuidar de mí	140
	Ayuda a mis hijos a tomar decisiones para la salud	141
66	Señor, consuélame en tiempos de angustia	142
	Consuela a mis hijos cuando sufren	143

67	Señor, ayúdame a confiar en que tú responsables cuando oro	144
	Ayuda a mis hijos a creer que tú siempre escuchas sus oraciones	145
68	Señor, dame fe que te agrade	146
	Dales a mis hijos una fe fuerte en ti y en tu Palabra	147
69	Señor, ayúdame a comprender tu amor por mí	48
	Haz que mis hijos sientan siempre tu amor	149
70	Señor, enséñame a amar a otros de la manera que lo haces tú	150
	Ayuda a mis hijos a tener un corazón de amor por otros	151
71	Señor, ayúdame a escuchar las instrucciones de tu Espíritu	152
	Guía a mis hijos por medio de tu Espíritu Santo	153
72	Señor, ayúdame a descansar en tu Palabra	154
	Enseña a mis hijos a vivir a tu manera	155
73	Señor, ayúdame a avanzar en la libertad que tienes para mí	156
	Liberta a mis hijos de cualquier atracción al pecado	157
74	Señor, permíteme identificar con rapidez la obra del enemigo	158
	Protege a mis hijos de los planes del enemigo	159

Introducción

He notado que muchas madres oran a menudo por sus hijos, pero ellos no siempre oran por sí mismos. Y lo necesitan. Por eso una parte importante de ser una buena madre es el reconocimiento de que no puedes hacerlo bien sin la ayuda de Dios. Las madres necesitamos que Dios nos permita producir cada día el fruto del Espíritu, el cual es «amor, gozo, paz, paciencia, benignidad, bondad, fidelidad, mansedumbre, dominio propio» (Gálatas 5:22-23, LBLA). ¿Quién no necesita cada pedacito de esto en la crianza de los hijos?

¿Quién no necesita un caminar más cercano con Dios de modo que nos asociemos con Él en la oración para influir de manera positiva en la vida de cada hijo y que Él nos guíe en cada decisión y pensamiento? Es importante que las mamás oremos por nosotras mismas para llegar a ser mejores con el fin de que nuestros hijos logren lo mejor de sí.

Casi todas las oraciones de este libro se extrajeron de mis cuatro libros de oraciones que aparecen en la página de derechos de autor. Asimismo, escribí algunos materiales originales también. Las oraciones se presentan de una manera que te ayuda a orar por ti misma y por tus hijos al mismo tiempo. De modo que la oración que veas en la página izquierda será la oración para *ti*, con un espacio para escribir algo específico que quieras recordar para orar por ti. La página opuesta a esa en la derecha es una oración por *tus hijos*, también con un espacio para escribir algo específico.

Mi oración es que esta manera de orar la encuentres tan valiosa como lo es para mí, y que veas, percibas y sientas que aumentan los beneficios tanto para ti como para tus hijos.

Stormie Omartian

*Hasta ahora nada
habéis pedido en mi nombre;
pedid, y recibiréis, para que
vuestro gozo sea cumplido.*

Juan 16:24

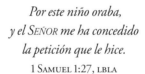

*Por este niño oraba,
y el Señor me ha concedido
la petición que le hice.*

1 Samuel 1:27, lbla

Bloque de oración # 1

Señor, acércame hacia un caminar más íntimo contigo

Acercaos a Dios,
y él se acercará a vosotros.

SANTIAGO 4:8

Señor, ayúdame a disponer de tiempo cada día para reunirme a solas contigo. En estos momentos que voy ante ti, enséñame a orar de la manera que quieres que lo haga. Ayúdame a aprender más acerca de ti. Señor, dijiste: «Si alguno tiene sed, venga a mí y beba» (Juan 7:37). Tengo sed más de ti porque estoy en un lugar seco y sin ti. Vengo ante ti en este día y bebo mucho de tu Espíritu. Sé que estás en todas partes, pero también sé que hay manifestaciones más profundas de tu presencia que anhelo experimentar. Me acerco a ti hoy, agradecida de que tú te acercarás a mí como prometes en tu Palabra.

Te lo pido en el nombre de Jesús.

Oración por mí

_____
_____
_____
_____
_____

Ayuda a mis hijos para que deseen vivir a tu manera

*Bienaventurados los que tienen hambre y
sed de justicia, porque ellos serán saciados.*

Mateo 5:6

Señor, te ruego por (<u>nombre de los hijos</u>) para que tengan un hambre cada vez mayor por más de ti. Permite que cultiven el anhelo por tu presencia; el anhelo de pasar tiempo contigo en oración, alabanza y adoración. Dales un deseo por la verdad de tu Palabra y un amor por tus leyes y tus caminos. Enséñales a vivir por fe, a ser guiados por tu Espíritu Santo y a tener el deseo de vivir a tu manera. Que un profundo amor y reverencia por ti y tus leyes maticen todo lo que hacen y cada decisión que toman. Ayúdalos a comprender las consecuencias de sus acciones. Que no aprendan a ser sabios a sus propios ojos, sino más bien a «[temer] al Señor y [apartarse] del mal» (Proverbios 3:7, lbla).

Te lo pido en el nombre de Jesús.

Oración por mis hijos

Bloque de oración # 2

Señor, ayúdame a conocer la verdad

Yo rogaré al Padre, y os dará otro Consolador, para que esté con vosotros para siempre: el Espíritu de verdad, al cual el mundo no puede recibir, porque no le ve, ni le conoce; pero vosotros le conocéis, porque mora con vosotros, y estará en vosotros.

Juan 14:16-17

Señor, gracias porque me has dado tu Espíritu, el Espíritu de verdad, para que sea mi Consolador. Anhelo conocerte de cada manera en que se te pueda conocer, así que ayúdame a comprender en realidad quién eres y a confiar en que eres mi Consolador que me guiará a toda verdad. No quiero ser una de las personas que «siempre están aprendiendo, y nunca pueden llegar al conocimiento de la verdad» (2 Timoteo 3:7). Quiero saber la verdad acerca de quién eres porque sé que estás cerca de todos los que te invocan de veras (Salmo 145:18). Enséñame cómo orar para estar más cerca de ti.

Te lo pido en el nombre de Jesús.

Oración por mí

_____

_____

Planta tu verdad en el corazón de mis hijos

*El testigo falso no quedará sin castigo,
y el que habla mentiras no escapará.*

PROVERBIOS 19:5

Señor, te ruego por (<u>nombre de los hijos</u>) para que conozcan la diferencia entre la verdad y las mentiras. Líbralos de cualquier orgullo que les hace creer que saben mejor las cosas que tú. Te ruego que tengan un corazón enseñable y un espíritu sumiso, y que sean capaces de permanecer firmes en la verdad. Escribe tu verdad en sus mentes y sobre sus corazones, de modo que siempre anden con una confiada seguridad de la rectitud de tus mandamientos. A medida que aprenden a orar, enséñales a escuchar tu voz. Que haya siempre el fuego de tu Espíritu Santo en su corazón y un inquebrantable deseo por ti y tu verdad.

Te lo pido en el nombre de Jesús.

Oración por mis hijos

_____
_____
_____
_____

Bloque de oración # 3

Señor, límpiame y haz que mi corazón sea recto ante ti

*Si confesamos nuestros pecados, él es fiel
y justo para perdonar nuestros pecados,
y limpiarnos de toda maldad.*

1 Juan 1:9

Señor, vengo ante ti con humildad y te pido que limpies mi corazón y renueves un espíritu recto dentro de mí. Perdóname por los pensamientos que he tenido, las palabras que he dicho y las cosas que he hecho que no te glorifican o que son una contradicción directa de tus mandamientos. En específico, te confieso (nombra cualesquiera pensamientos, palabras o acciones que sabes que no agradan a Dios). Los confieso como pecados y me arrepiento de esto. Decido alejarme de estos patrones de pensamiento o acción, y vivir a tu manera. Sé que tú eres «compasivo y clemente, lento para la ira, abundante en misericordia» (Joel 2:13, LBLA). Perdóname por darlo siempre por sentado.

Te lo pido en el nombre de Jesús.

Oración por mí

_____

_____

Haz que mis hijos confiesen pronto sus pecados

*El que encubre sus pecados no
prosperará; mas el que los confiesa y
se aparta alcanzará misericordia.*

PROVERBIOS 28:13

Señor, te ruego que le des a (nombre de los hijos) un corazón que sea rápido para confesar sus pecados. Que los reconozcan con facilidad y que nunca traten de ocultarlos. Ayúdalos a arrepentirse de veras, a fin de que les limpies y les perdones. Ayúdalos a comprender que tus leyes, y mis reglas, son para su beneficio y que la confesión y el arrepentimiento que tú requieres deben llegar a ser un estilo de vida. En el momento de reconocimiento y arrepentimiento, que digan como David: «Crea en mí, oh Dios, un corazón limpio, y dame una actitud adecuada» (Salmo 51:10, paráfrasis). Apártalos de toda atracción a la desobediencia, y pon en su corazón el deseo de hacer lo bueno.

Te lo pido en el nombre de Jesús.

Oración por mis hijos

Bloque de oración # 4

Señor, muéstrame la verdad acerca de mí

Te manifesté mi pecado, y no encubrí mi iniquidad. Dije: Confesaré mis transgresiones al S<small>EÑOR</small>; y tú perdonaste la culpa de mi pecado.

S<small>ALMO</small> 32:5, <small>LBLA</small>

Señor, «ve si hay en mí camino de perversidad, y guíame en el camino eterno» (Salmo 139:24). Muéstrame la verdad acerca de mí, de modo que pueda ver con claridad. Sé que no puedo ocultar nada de ti, pues tú lo ves todo. No quiero ocultar nada. Ayúdame a confesarte mis pecados con prontitud. Te ruego que tengas «piedad de mí, oh Dios, conforme a tu misericordia; conforme a la multitud de tus piedades borra mis rebeliones» (Salmo 51:1). Hazme limpia y recta ante ti. Quiero recibir tu perdón, a fin de que vengan de tu presencia tiempos de refrigerio (Hechos 3:19).

Te lo pido en el nombre de Jesús.

Oración por mí

_____

_____

_____

Ayuda a mis hijos para que nunca permitan el pecado secreto

Amados, si nuestro corazón no nos condena, confianza tenemos delante de Dios; y todo lo que pidamos lo recibimos de Él, porque guardamos sus mandamientos y hacemos las cosas que son agradables delante de Él.

1 Juan 3:21-22 . LBLA

Señor, te ruego que traigas luz a cualquier pecado oculto de (<u>nombre de los hijos</u>), a fin de que puedan confesarlo, arrepentirse y recibir perdón. Tu Palabra dice: «Bienaventurado aquel cuya transgresión ha sido perdonada, y cubierto su pecado» (Salmo 32:1). Te ruego que mis hijos nunca sean capaces de contener pecado dentro de sí, más bien que permitan que haya un anhelo por confesarlo todo. Guárdalos de encubrir cualquier pecado oculto, sino más bien que moren con una clara conciencia comprendiendo cuán grande es ser perdonado.

Te lo pido en el nombre de Jesús.

Oración por mis hijos

Bloque de oración # 5

Señor, ayúdame a ser una persona perdonadora

La discreción del hombre le hace lento para la ira, y su gloria es pasar por alto una ofensa.

PROVERBIOS 19:11, LBLA

Señor, ayúdame a perdonar pronto a los demás. Muéstrame cuando no lo esté haciendo. Si tengo enojo, amargura, resentimiento o falta de perdón que no reconozca, revélamelos y te los confesaré como pecados. En específico, te pido que me ayudes a perdonar por completo a (nombra a alguien que sientas que necesitas perdonar). Hazme comprender la profundidad de tu perdón hacia mí, de ese modo no evitaré perdonar a otros. Me doy cuenta de que mi perdón hacia alguien no me hace recta; me hace libre. También me doy cuenta de que tú eres el único que sabe toda la historia y verás que se haga justicia, así puedo liberar a esa persona en tus manos.

Te lo pido en el nombre de Jesús.

Oración por mí

_____

_____

_____

_____

Enseña a mis hijos a perdonar con rapidez

Perdonad, y seréis perdonados.
LUCAS 6:37

Señor, te ruego que ayudes a (<u>nombre de los hijos</u>), a fin de que sean personas perdonadoras. Ayúdalos a comprender la profundidad de tu perdón hacia ellos, de modo que puedan perdonar a los demás sin restricciones. Enséñales a tomar la decisión de perdonar basados en lo que nos pediste que hiciéramos y no en lo que se siente bien en el momento. Dales el entendimiento de que solo tú sabes toda la historia de cualquiera de nosotros, y por eso es que no tienen el derecho de juzgar. Donde tengan cualquier falta de perdón, ayúdalos a confesártelo de modo que puedan avanzar hacia todo lo que tienes para su vida.

Te lo pido en el nombre de Jesús.

Oración por mis hijos

Bloque de oración # 6

Señor, dame sabiduría para tomar buenas decisiones

La boca del justo habla sabiduría, y su lengua habla justicia. La ley de su Dios está en su corazón; por tanto, sus pies no resbalarán.

Salmo 37:30-31

Señor, te ruego que me des de tu sabiduría y entendimiento en todas las cosas. Sé que la sabiduría es mejor que el oro y la inteligencia es mejor que la plata (Proverbios 16:16), así que hazme rica en sabiduría y acaudalada en inteligencia. Gracias porque tú das «sabiduría a los sabios, y conocimiento a los entendidos» (Daniel 2:21, LBLA). Aumenta mi sabiduría y conocimiento, a fin de tener el discernimiento para cada decisión que debo tomar. Por favor, ayúdame a buscar siempre el consejo piadoso y no a buscar respuestas en personas mundanas e impías. Gracias, Señor, porque tú siempre me darás el consejo y la instrucción que necesito para permanecer en el buen camino.

Te lo pido en el nombre de Jesús.

Oración por mí

_____

_____

Dales a mis hijos gran sabiduría

*El hijo sabio alegra al padre, pero el
hijo necio es tristeza de su madre.*

Proverbios 10:1

Señor, te ruego que le des a (<u>nombre de los hijos</u>) los dones de la sabiduría, del discernimiento y de la revelación. Ayúdalos a confiar en ti con todo su corazón, sin depender de su propio entendimiento, pero reconociéndote en todos sus caminos para que puedan escuchar siempre tu clara dirección respecto a qué camino tomar (Proverbios 3:5-6). Ayúdalos a ser sensibles a la voz del Espíritu Santo diciendo: «Este es el camino, andad por él» (Isaías 30:21). Sé que gran parte de su felicidad en la vida depende de alcanzar la sabiduría y el discernimiento que tu Palabra dice que traen larga vida, riqueza, reconocimiento, protección, contentamiento, satisfacción y felicidad. Que todas estas cosas lleguen a su vida a causa de tu don de la sabiduría.

Te lo pido en el nombre de Jesús.

Oración por mis hijos

Bloque de oración # 7

Señor, enséñame a andar en obediencia a tus caminos

El que tiene mis mandamientos, y los guarda, ése es el que me ama; y el que me ama, será amado por mi Padre, y yo le amaré, y me manifestaré a él.

Juan 14:21

Señor, tu Palabra dice que quienes amamos tu ley tendremos mucha paz y nada habrá para que tropecemos (Salmo 119:165). Yo amo tu ley porque sé que es buena y está allí para nuestro beneficio. Permíteme vivir en obediencia a cada una de sus partes, de modo que no tropiece y caiga. Ayúdame a obedecerte para que pueda morar en la seguridad y la paz de saber que estoy viviendo a tu manera. Mi corazón quiere obedecerte en todas las cosas, Señor. Por favor, muéstrame dónde no lo hago. «Con todo mi corazón te he buscado; no me dejes desviarme de tus mandamientos» (Salmo 119:10).

Te lo pido en el nombre de Jesús.

Oración por mí

_____
_____
_____

Dales a mis hijos un corazón que desee obedecer

Vosotros sois mis amigos, si hacéis lo que yo os mando.

Juan 15:14

Señor, te ruego que le des a (<u>nombre de los hijos</u>) un corazón que desee obedecerte. Ponles el anhelo de pasar tiempo contigo en tu Palabra, en oración y en escuchar con atención tu voz. Te ruego que valoren tus palabras que dicen que somos tus amigos, Jesús, cuando hacemos lo que dices. No permitas que caminen en orgullo, egoísmo y rebelión. En el nombre de Jesús, y por la autoridad que tú me has dado, «estoy firme contra las asechanzas del diablo» y me opongo a la idolatría, la rebelión, la terquedad y la falta de respeto. No tendrán parte en la vida de mis hijos, ni mis hijos andarán en camino de destrucción por su causa.

Te lo pido en el nombre de Jesús.

Oración por mis hijos

_____
_____
_____
_____

Bloque de oración # 8

Señor, ayúdame a entender tu propósito para mí

*En él asimismo tuvimos herencia,
habiendo sido predestinados conforme
al propósito del que hace todas las cosas
según el designio de su voluntad.*

EFESIOS 1:11

Señor, gracias por la herencia que tengo en ti. Gracias porque tienes un gran propósito para mí conforme a tu voluntad. Pongo mi identidad en ti y mi destino en tus manos. Quiero que lo que estás edificando en mi vida dure para siempre. Sé que «todas las cosas les ayudan a bien» para los que te aman y son llamados conforme a tu propósito (Romanos 8:28). Muéstrame con claridad lo que quieres hacer en mí y en mi vida. Guíame en el camino que debo seguir, así permaneceré en la senda que tienes para mí. Ayúdame a hacer tu voluntad y a glorificarte.

Te lo pido en el nombre de Jesús.

Oración por mí

_____

_____

_____

Dales a mis hijos un sentido de propósito

Cosas que ojo no vio, ni oído oyó, ni han subido en corazón de hombre, son las que Dios ha preparado para los que le aman.

1 Corintios 2:9

𝒮𝑒𝑛̃𝑜𝑟, te ruego que (nombre de los hijos) encuentren su identidad en ti. Dales una visión para su vida cuando establezcan metas para el futuro y un sentido de propósito acerca de lo que les llamaste a hacer. Ayúdalos a verse como los ves tú, de modo que entiendan que tú eres «quien nos salvó y llamó con llamamiento santo, no conforme a nuestras obras, sino según el propósito suyo y la gracia que nos fue dada en Cristo Jesús antes de los tiempos de los siglos» (2 Timoteo 1:9). Permite que su compromiso de amarte les permita llegar a ser todo para lo que los creaste.

Te lo pido en el nombre de Jesús.

Oración por mis hijos

Bloque de oración # 9

Señor, fortaléceme para estar firme contra el enemigo

Fortaleceos en el Señor, y en el poder de su fuerza. Vestíos de toda la armadura de Dios, para que podáis estar firmes contra las asechanzas del diablo.

Efesios 6:10-11

Señor, gracias por tu sufrimiento y muerte en la cruz por mí, y por resucitar para derrotar la muerte y el infierno. Mi enemigo está derrotado debido a lo que hiciste. Gracias porque me has dado toda la autoridad sobre el enemigo, quien es también tu enemigo (Lucas 10:19). Muéstrame cuando no reconozca la intromisión del enemigo en mi vida. Enséñame a usar la autoridad que me has dado para derrotarlo en cada aspecto. Ayúdame a ayunar y orar con regularidad, a fin de destruir cualquier fortaleza que el enemigo trate de levantar en mi vida o en la vida de mi hijo. Gracias que por el poder de tu Espíritu Santo puedo resistir con éxito al diablo y él tiene que huir de mí (Santiago 4:7).

Te lo pido en el nombre de Jesús.

Oración por mí

_____
_____

Destruye las fortalezas impías que amenazan a mis hijos

Nada hay encubierto, que no haya de ser manifestado; ni oculto, que no haya de saberse.

MATEO 10:26

Señor, vengo ante ti en favor de (nombre de los hijos) y te pido que los libres de cualquier impiedad que quizá los esté amenazando para convertirse en una fortaleza en su vida. Te ruego en el nombre de Jesús que obres liberación en su vida dondequiera que sea necesario. Sé que aunque «andamos en la carne, no militamos según la carne; porque las armas de nuestra milicia no son carnales, sino poderosas en Dios para la destrucción de fortalezas, derribando argumentos y toda altivez que se levanta contra el conocimiento de Dios» (2 Corintios 10:3-5). Depende de ti, Señor, para que me muestres cualquier cosa que necesite ver respecto a la posible amenaza del enemigo para su vida.

Te lo pido en el nombre de Jesús.

Oración por mis hijos

_____

_____

_____

Bloque de oración # 10

Señor, ve delante de mí como un escudo

Él [...] es escudo a los que caminan rectamente. Es el que guarda las veredas del juicio, y preserva el camino de sus santos.

PROVERBIOS 2:7-8

Señor, sé que en medio de la batalla no tengo que temerle al enemigo, ya que tú eres un escudo para mí debido a que vivo a tu manera. Gracias porque aun cuando el enemigo trata de llevarme cautiva para hacer su voluntad, tú me has dado el poder para escapar por completo de sus lazos (2 Timoteo 2:26). Ayúdame para que no sea «[vencida] de lo malo, sino [que venza] con el bien el mal» (Romanos 12:21). Escóndeme en lo secreto de tu presencia de la conspiración del hombre malvado (Salmo 31:20). Gracias que el enemigo nunca me derribará con tal de que permanezca fuerte en ti.

Te lo pido en el nombre de Jesús.

Oración por mí

_____

_____

_____

_____

Sé el protector de mis hijos

*El Señor es mi roca, mi fortaleza y mi
salvador; mi Dios es mi roca, en quien
encuentro protección. Él es mi escudo
[...] Clamé al Señor, quien es digno de
alabanza, y me salvó de mis enemigos.*

Salmo 18:2-3, NTV

Señor, pongo a (nombre de los hijos) en tus manos este día. Sé su fortaleza, su roca, su protección y su escudo cuando el enemigo trate de entremeterse en sus vidas. Sé su refugio seguro al cual corran en tiempos de dificultades. De acuerdo a tu Palabra, te agradezco que tú, Señor, los librarás de toda obra mala y los preservarás para tu reino celestial (2 Timoteo 4:18). Ayúdame a orar de manera que los proteja de los planes del maligno.

Te lo pido en el nombre de Jesús.

Oración por mis hijos

___
___
___
___
___
___

Bloque de oración # 11

Señor, muéstrame cómo tomar el control de mi mente

*Renuévense en el espíritu de su mente,
y revístanse de la nueva naturaleza,
creada en conformidad con Dios en
la justicia y santidad de la verdad.*

Efesios 4:23-24, rvc

Señor, no quiero volver a caminar en pos de mi propio pensamiento (Isaías 65:2). Quiero llevar cautivo todo pensamiento y controlar mi mente. Sé que tu Palabra es la que «discierne los pensamientos y las intenciones del corazón» (Hebreos 4:12). Por lo tanto, mientras leo tu Palabra, muéstrame cualquier pensamiento malo que tenga. Que tu Palabra esté tan grabada en mi mente que yo sea capaz de identificar la mentira del enemigo en cuanto la escuche. Espíritu de verdad, guárdame del engaño. Ayúdame a conocer la verdad y a identificar todas las mentiras… en mí y en otros.

Te lo pido en el nombre de Jesús.

Oración por mí

_____

_____

_____

Dales buen juicio a mis hijos

*Dios no nos ha dado un espíritu de
temor, sino un espíritu de poder,
de amor y de buen juicio.*

2 Timoteo 1:7

Señor, gracias por darnos buen juicio. Reclamo esa promesa para (<u>nombre de los hijos</u>). Te ruego que sus mentes estén claras y alertas, que sean brillantes, inteligentes, estables, y que tengan paz y orden. Te pido que sus pensamientos no sean confusos, torpes, desequilibrados, disipados ni negativos. Te suplico que su juicio no esté lleno de pensamientos complejos ni confusos. Más bien, dales claridad de mente de modo que sean capaces de pensar siempre con rectitud. Dales la habilidad para tomar decisiones claras, comprender todo lo que necesitan saber y lograr enfocarse en lo que deben hacer. Donde ahora haya alguna inestabilidad mental, declaro sanidad en el nombre de Jesús.

Te lo pido en el nombre de Jesús.

Oración por mis hijos

_____

_____

_____

Bloque de oración # 12

Señor, transforma mis pensamientos de modo que te glorifiquen

No se amolden al mundo actual, sino sean transformados mediante la renovación de su mente. Así podrán comprobar cuál es la voluntad de Dios, buena, agradable y perfecta.

Romanos 12:2 , nvi®

Señor, no quiero tener pensamientos vanos ni necios, ni darle lugar a pensamientos que no te glorifiquen a ti (Romanos 1:21). Quiero llevar cautivo todo pensamiento y controlar mi mente. Gracias porque «tenemos la mente de Cristo» (1 Corintios 2:16). Quiero que tus pensamientos sean mis pensamientos. Muéstrame cuándo lleno mi mente de algo que no es de ti. Ayúdame a negarme a hacer eso y, en su lugar, llena mi mente de pensamientos, palabras, música e imágenes que sean para glorificarte a ti. Ayúdame a pensar en lo que es verdadero, honesto, justo, puro, amable, de buen nombre, virtuoso y digno de alabanza (Filipenses 4:8). Reclamo el «buen juicio» (2 Timoteo 1:7, dhh) que me has dado tú.

Te lo pido en el nombre de Jesús.

Oración por mí

Llena las mentes de mis hijos con pensamientos piadosos

La mente puesta en la carne es muerte, pero la mente puesta en el Espíritu es vida y paz.

Romanos 8:6, LBLA

Señor, te ruego que (nombre de los hijos) te amen con todo su corazón, alma y mente, de modo que no les den cabida a pensamientos impíos ni mundanos. Te pido que su fe en ti y su conocimiento de tu Palabra crezcan en su vida cada día. Que tu Palabra se arraigue en sus corazones y llene sus mentes con cosas que sean verdaderas, honestas, justas, puras, amables, de buen nombre, virtuosas y dignas de alabanza (Filipenses 4:8). Dales gran entendimiento, a fin de que lo que penetre en sus mentes de tu Palabra se convierta en parte de sus vidas. Ayúdalos a analizar con sumo cuidado lo que ven y escuchan. Que vivan en la paz y el buen juicio que tienes para sus vidas.

Te lo pido en el nombre de Jesús.

Oración por mis hijos

_____

_____

_____

Bloque de oración # 13

Señor, llévame más profundo en tu Palabra

Quien se fija atentamente en la ley perfecta que da libertad, y persevera en ella, no olvidando lo que ha oído sino haciéndolo, recibirá bendición al practicarla.

Santiago 1:25, nvi®

Señor, «tu palabra es una lámpara a mis pies y una luz en mi camino» (Salmo 119:105, dhh). Permite que pueda comprender de veras su significado más profundo. Dame un mayor entendimiento del que haya tenido nunca antes, y revélame los tesoros ocultos encerrados allí. Te ruego que tenga un corazón enseñable y abierto a lo que quieras que conozca. Cámbiame mientras la leo. Ayúdame a ser diligente en poner tu Palabra dentro de mi alma con fidelidad cada día. Muéstrame dónde estoy malgastando el tiempo que podría ser mejor pasarlo leyendo tu Palabra. Dame la capacidad para memorizarla. Grábala en mi mente y corazón a fin de que se convierta en parte de mí.

Te lo pido en el nombre de Jesús.

Oración por mí

_____
_____

Enseña a mis hijos a conocer más de ti

Yo les enseñaré a todos tus hijos, y
ellos disfrutarán de una gran paz.

Isaías 54:13, NTV

Señor, te ruego que (nombre de los hijos) sientan una profunda reverencia por ti y tus caminos. Que oculten tu Palabra en sus corazones como un tesoro, y busquen el entendimiento como la plata o el oro. Incúlcales el deseo de obtener conocimiento y destreza, y que sientan gozo en el proceso. Sobre todo, te pido que les enseñes tú, pues tu Palabra dice que cuando les enseñas a nuestros hijos, tendrán garantizada la paz. También dijiste: «El temor del Señor es el principio de la sabiduría; los necios desprecian la sabiduría y la instrucción» (Proverbios 1:7, LBLA). Permite que nunca sean necios ni se aparten de la enseñanza, sino más bien que se vuelvan a ti por el verdadero conocimiento que necesitan.

Te lo pido en el nombre de Jesús.

Oración por mis hijos

Bloque de oración # 14

Señor, guíame con tu ley

Bienaventurado el varón que no anduvo en consejo de malos, ni estuvo en camino de pecadores, ni en silla de escarnecedores se ha sentado; sino que en la ley de Jehová está su delicia, y en su ley medita de día y de noche. Será como árbol plantado junto a corrientes de aguas, que da su fruto en su tiempo, y su hoja no cae; y todo lo que hace, prosperará.

Salmo 1:1-3

Señor, permite que tu Palabra me recuerde quién eres tú y lo mucho que me amas. Que me traiga la seguridad de saber quién soy yo en ti y que mi vida está en tus manos. Gracias porque cuando estudio tu Palabra encuentro todo lo que necesito para la vida. Dame oídos para reconocer tu voz hablándome cada vez que la lea (Marcos 4:23). Cuando escucho tu voz en mi corazón y te sigo, mi vida está llena. Cuando me aparto del camino que tienes para mí, mi vida está vacía. Lléname con tu Palabra cada día, a fin de permanecer en el camino que tienes para mí.

Te lo pido en el nombre de Jesús.

Oración por mí

_____

_____

Ayuda a mis hijos a buscar tu dirección

Aférrate a la instrucción, no la sueltes;
guárdala, porque ella es tu vida.

Proverbios 4:13, lbla

Señor, te ruego que (nombre de los hijos) tengan un corazón que esté abierto a tu Palabra y reciba tu instrucción. Enséñales a respetar la sabiduría de sus padres y a que estén dispuestos a que les enseñen. Ayúdalos a buscar el consejo y la instrucción de personas piadosas que no desprecien ni desechen tus caminos ni tus leyes. Enséñales a buscar dirección en tu Palabra, y de quienes conocen bien tu Palabra, de modo que sean como árboles plantados junto a corrientes de aguas, que dan su fruto en su tiempo, y no caen ni mueren (Salmo 1:3). De acuerdo con tu Palabra, oro por mis hijos: «El Señor te dé entendimiento en todo» (2 Timoteo 2:7).

Te lo pido en el nombre de Jesús.

Oración por mis hijos

_____
_____
_____
_____

Bloque de oración # 15

Señor, ayúdame a poner mi vida en el orden adecuado

Buscad primeramente el reino de Dios y su justicia, y todas estas cosas os serán añadidas.

MATEO 6:33

Señor, te ruego que me ayudes a establecer mi vida en el orden adecuado. Quiero ponerte siempre en primer lugar sobre todo lo demás en mi vida. Enséñame cómo amarte con todo mi corazón, alma y mente. Muéstrame el momento en que no esté haciendo eso. Muéstrame si alguna vez elevo mi alma a un ídolo. Mi deseo es servirte a ti y solo a ti. Recuérdame siempre buscarte primero a ti y a tu reino, por sobre todas las cosas, porque sé que cuando lo hago, todo caerá en su lugar, mi vida estará en el orden apropiado y tú suplirás las cosas que necesito.

Te lo pido en el nombre de Jesús.

Oración por mí

_____
_____
_____
_____
_____
_____

Enseña a mis hijos a establecer prioridades piadosas

Tú guardarás en completa paz a aquel
cuyo pensamiento en ti persevera;
porque en ti ha confiado.

Isaías 26:3

Señor, sé que tú eres un Dios de orden y paz. Y cuando las cosas se salen de su orden en nuestras vidas, así como los hijos, perdemos nuestra paz. Te ruego por (nombres de los hijos) para que los ayudes a hacer que tú seas una prioridad en sus vidas. Ayúdalos a entender que cuando te buscan primero, antes que cualquier otra cosa, tú pondrás su vida en orden, suplirás todas sus necesidades y les darás paz. Enséñale a cada uno cómo centrar su mente y corazón en ti y a impedirle la entrada a todo lo demás que intenta desviarlo de ti. Dales fortaleza y discernimiento para reconocer la voz del enemigo y negarse a escucharla.

Te lo pido en el nombre de Jesús.

Oración por mis hijos

Bloque de oración # 16

Señor, ayúdame a limpiar mi casa

No metas en tu casa nada que sea abominable. Todo eso debe ser destruido [...] para que no seas destruido tú también.

Deuteronomio 7:26, NVI®

Señor, te ruego que no tenga nada en mi casa que sea abominable para ti, pero si otra persona o yo traemos una cosa así, te pido que me lo reveles ahora para que pueda deshacerme de eso. No quiero la destrucción que vendrá sobre esto, o lo que eso signifique, venga sobre mi casa o mi vida. Si algo que no te glorifica entra en mi hogar sin que me percate, muéstrame la verdad y permíteme hacer lo que debo para eliminarlo. No quiero aceptar algo que sea aborrecible a tus ojos, todo porque desconozca lo que significa.

Te lo pido en el nombre de Jesús.

Oración por mí

Llena el cuarto de mis hijos con tu presencia

En la integridad de mi corazón andaré dentro de mi casa. No pondré cosa indigna delante de mis ojos.

Salmo 101:2-3, lbla

Señor, te ruego que pongas tu protección total sobre los cuartos que pertenecen a (nombre de los hijos). Llénalos con tu amor, paz y gozo. Te pido que nada entre en esos cuartos que tú no permitas ni apruebes. Si hay algo que no deba estar allí, muéstramelo para que pueda sacarlo. Te ruego que tú, Señor, hagas de estos unos lugares santos, santificados por tu gloria. Tú dijiste que «la maldición del Señor está sobre la casa del impío, pero Él bendice la morada del justo» (Proverbios 3:33, lbla). Bendice las habitaciones de mis hijos al llenar nuestra casa y sus cuartos con tu presencia.

Te lo pido en el nombre de Jesús.

Oración por mis hijos

_____
_____
_____
_____

Bloque de oración # 17

Señor, prepárame para ser una verdadera adoradora

El que sacrifica alabanza me honrará; y al que ordenare su camino, le mostraré la salvación de Dios.

Salmo 50:23

Señor, no hay fuente de mayor gozo para mí que adorarte. Vengo ante tu presencia con acción de gracias y me inclino reverente delante de ti en este día. Exalto tu nombre, pues tú eres grande y digno de alabanza. «Tú diste alegría a mi corazón» (Salmo 4:7). Toda honra y majestad, fortaleza y gloria, santidad y justicia son tuyos, oh Señor. Tú eres «compasivo y lleno de ternura; lento para la ira y grande en misericordia» (Salmo 145:8, rvc). Tú eres «grande [...] y muy poderoso» y tu «entendimiento es infinito» (Salmo 147:5, lbla). Permíteme ser una verdadera adoradora, y enséñame a adorarte de una manera que siempre te agrade y te glorifique.

Te lo pido en el nombre de Jesús.

Oración por mí

_____
_____
_____
_____

Instruye a mis hijos para que sean adoradores agradecidos

*Porque tu misericordia es mejor que
la vida, mis labios te alabarán.*

Salmo 63:3, lbla

Señor, ayúdame a enseñarles a mis hijos acerca de tu amor y bondad para con nosotros, ya que eso es mejor que ninguna otra cosa en la vida. Sé que cuando son agradecidos por todo lo que eres y haces, desearán adorarte. Crea en cada uno de ellos un corazón agradecido, capaz de apreciar todo lo que haz hecho por nosotros. Mantenlos alejados del egoísmo de corazón que piensa que tienen derecho a todas las bendiciones que han recibido, y en su lugar haz que cada corazón se entregue a una adoración agradecida de ti. Permite que la adoración y las gracias a ti sean su primera respuesta a las cosas que suceden en sus vidas.

Te lo pido en el nombre de Jesús.

Oración por mis hijos

_____

_____

_____

Bloque de oración #18

Señor, desarrolla en mí una gran fe en ti

Conforme a vuestra fe os sea hecho.

Mateo 9:29

Señor, enséñame cómo andar por fe y no por vista (2 Corintios 5:7). Necesito ser capaz de permanecer firme en tu Palabra sin importar lo que suceda ni permitir que alguna duda tenga un lugar en mí. Aumenta mi fe en gran medida cada vez que lea o escuche tu Palabra. Ayúdame a retenerla. Haz mi fe fuerte como un escudo que extingue los dardos de fuego del enemigo. Sé que cuando dudo llego a ser como las olas del mar azotadas por el viento. No quiero ser de esa manera. Tu Palabra dice que «todo lo que no proviene de fe, es pecado» (Romanos 14:23). Perdóname por las veces que he dudado. Hazme más fuerte en fe cada día.

Te lo pido en el nombre de Jesús.

Oración por mí

Planta en mis hijos semillas de fe fuerte

*Si tuviereis fe como un grano de mostaza,
diréis a este monte: Pásate de aquí allá,
y se pasará; y nada os será imposible.*

Mateo 17:20

𝓢𝓮𝓷̃𝓸𝓻, te ruego que (nombre de los hijos) sean tan fuertes en la fe que su relación contigo sustituya todo lo demás en la vida, incluso mi influencia como madre. En otras palabras, que tengan una relación contigo, Señor, que sea suya en realidad, no una extensión de la mía ni de cualquier otra persona. Quiero el consuelo de saber que cuando ya no me encuentre en esta tierra, su fe será lo bastante fuerte como para mantenerse «firmes y constantes, y siempre creciendo en la obra del Señor» (1 Corintios 15:58, RVC). Te ruego que tomen «el escudo de la fe» a fin de «apagar todos los dardos de fuego del maligno» (Efesios 6:16). Ayúdalos a crecer más fuertes en la fe cada día.

Te lo pido en el nombre de Jesús.

Oración por mis hijos

_____

_____

Bloque de oración # 19

Señor, muéstrame los dones que has puesto en mí

*Teniendo dones que difieren, según la
gracia que nos ha sido dada, usémoslos.*

ROMANOS 12:6, LBLA

Señor, te ruego que me muestres los talentos que has puesto en mí y cómo debo usarlos. Ayúdame a escuchar tu llamado para mi vida. Sé que tengo el llamado a ser una buena madre porque tú me bendijiste con un hijo (hijos). Ayúdame a usar los dones que me has dado de esa manera. Aun así, cualquier cosa que me llames a hacer, ahora y en el futuro, te ruego que me des la fortaleza y energía para hacerlo bien. Que encuentre gran contentamiento y satisfacción en cada uno de sus aspectos, incluso en las partes más difíciles y desagradables. Ayúdame a usar siempre mis dones y talentos para glorificarte.

Te lo pido en el nombre de Jesús.

Oración por mí

_____
_____
_____
_____

Revela los dones y talentos de mis hijos

*Porque irrevocables son los dones
y el llamamiento de Dios.*

Romanos 11:29

Señor, gracias por los dones y talentos que pusiste en (nombre de los hijos). Haz que sean evidentes para mí y para ellos, y muéstrame a mí en específico si hay algún apoyo, instrucción, experiencia de aprendizaje u oportunidades en especial que deba proporcionarles. Tu Palabra dice: «Teniendo dones que difieren, según la gracia que nos ha sido dada, usémoslos» (Romanos 12:6, LBLA). A medida que reconocen los talentos y habilidades que les has dado, te ruego que ningún sentimiento de incompetencia, temor o duda les impida usarlos según tu voluntad. Que escuchen el llamado que tienes para sus vidas, a fin de que no se pasen todo el tiempo tratando de averiguar cuál es o se lo pierdan por completo.

Te lo pido en el nombre de Jesús.

Oración por mis hijos

_____

_____

_____

Bloque de oración # 20

Señor, confirma la obra de mis manos

Señor y Dios nuestro, ¡muéstranos tu bondad y confirma la obra de nuestras manos! ¡Sí, confirma la obra de nuestras manos!

Salmo 90:17, RVC

Señor, gracias por las destrezas que me has dado. Donde me falte habilidad, ayúdame a crecer y mejorar de manera que haga bien mi trabajo. Abre puertas de oportunidades para usar mis habilidades y cierra puertas que no deba atravesar. Dame sabiduría y dirección en cuanto a esto. Encomiendo mis obras a ti, sabiendo que tú las afirmarás (Proverbios 16:3). En especial, incluyo la tarea que realizo como madre. Ayúdame a hacer siempre un buen trabajo, incluso en la parte más difícil del mismo. Que este sea siempre el trabajo que me guste hacer y que pueda hacer el trabajo que me guste. Confirma la obra de mis manos de modo que lo que haga encuentre el favor de los demás, pero sobre todo que siempre sea para glorificarte.

Te lo pido en el nombre de Jesús.

Oración por mí

_____
_____

Permite que la obra en la vida de mis hijos te glorifique

Cada cual ha recibido de Dios su propio don, uno de una manera y otro de otra.

1 Corintios 7:7, LBLA

Señor, te ruego que les reveles a (nombre de los hijos) cuál es la obra de su vida y los ayudes a sobresalir en la misma. Bendice la obra de sus manos, y permite que sean capaces de ganarse bien la vida haciendo el trabajo que les gusta y hacen mejor. Tu Palabra dice que cada persona tiene su propio don y que «la dádiva del hombre le ensancha el camino y le lleva delante de los grandes» (Proverbios 18:16). Concédeles que en lo que hagan encuentren el favor de los demás y sean bien recibidos y respetados. Lo que es más importante, te ruego que se revelen los dones y talentos que pusiste en sus vidas, a fin de que encuentren su máxima expresión en glorificarte.

Te lo pido en el nombre de Jesús.

Oración por mis hijos

_____

_____

_____

_____

Bloque de oración # 21

Señor, permíteme llevar el fruto de tu Espíritu

El fruto del Espíritu es amor, gozo, paz, paciencia, benignidad, bondad, fidelidad, mansedumbre, dominio propio; contra tales cosas no hay ley.

GÁLATAS 5:22-23, LBLA

Señor, te ruego que plantes el fruto de tu Espíritu en mí y lo hagas florecer. Ayúdame a permanecer en ti, Jesús, para que lleve el fruto espiritual durante el transcurso de mi vida. Espíritu Santo, lléname de nuevo con tu amor hoy para que fluya de mí y en la vida de los demás. Tú dijiste que la Palabra «gobierne en sus corazones la paz de Cristo» (Colosenses 3:15, NVI®). Te pido que tu paz gobierne mi corazón y mi mente a tal punto que la gente la sienta cuando está alrededor de mí. Ayúdame a seguir «lo que contribuye a la paz y a la mutua edificación» (Romanos 14:19). Te ruego que el fruto de tu Espíritu en mí siempre sea evidente para otros, en especial para mis hijos.

Te lo pido en el nombre de Jesús.

Oración por mí

_____

_____

Llena el corazón de mis hijos con esperanza, paz y gozo

¡Que el Dios de la esperanza los llene de todo gozo y paz en la fe, para que rebosen de esperanza por el poder del Espíritu Santo!

Romanos 15:13, RVC

Señor, te ruego que a (nombre de los hijos) les sean dados los dones de esperanza, paz y gozo. Permite que la esperanza se eleve en sus corazones en este día y que conozcan la plenitud de la paz y el gozo que se encuentran en tu presencia. Ayúdalos a entender que la verdadera felicidad y el gozo solo se encuentran en ti. Cada vez que les superen las emociones negativas, rodéalos con tu amor. Enséñales a decir: «Este es el día que hizo el Señor; nos gozaremos y alegraremos en él» (Salmo 118:24, NTV). Líbralos de la desesperación, la depresión, la soledad, el desaliento, el enojo o el rechazo.

Te lo pido en el nombre de Jesús.

Oración por mis hijos

_____

_____

_____

_____

Bloque de oración # 22

Señor, ayúdame a dar buenos frutos

Mi Padre es glorificado cuando ustedes dan mucho fruto y muestran así que son mis discípulos.

JUAN 15:8, NVI®

Señor, sé que sin ti no puedo hacer nada. Me someto a ti donde necesite ser podada, a fin de dar más fruto. Tú eres la vid y yo soy la rama. Debo permanecer en ti para dar fruto. Gracias por tu promesa de que si permanezco en ti y tu Palabra permanece en mí, puedo pedir lo que quiera y se me concederá (Juan 15:7, NVI®). Gracias por tu promesa que dice que si pido lo recibiré (Juan 16:24). Te ruego que me hagas como un árbol plantado junto a las corrientes de tu agua viva para que dé fruto en su tiempo y no caiga mi hoja (Salmo 1:3).

Te lo pido en el nombre de Jesús.

Oración por mí

_____
_____
_____
_____
_____

Dales a mis hijos una vida fructífera

Por lo cual también nosotros, desde el día que lo oímos, no cesamos de orar por vosotros, y de pedir que seáis llenos del conocimiento de su voluntad en toda sabiduría e inteligencia espiritual, para que andéis como es digno del Señor, agradándole en todo, llevando fruto en toda buena obra.

Colosenses 1:9-10

Señor, te pido que hagas que mis hijos se conecten contigo para que vivan una vida fructífera que te glorifique. Plántalos como árboles junto a tu agua viva para que den mucho fruto en cada etapa de la vida en que sea tu voluntad que lo hagan. Ayúdame a no dejar de orar por ellos, a fin de que tengan inteligencia espiritual y el conocimiento de tu voluntad en todo tiempo. Permite que anden como es digno de ti y que siempre vivan de una manera que te agrade. Bendícelos de tal forma que siempre sean fructíferos en todo lo que hagan para tu gloria.

Te lo pido en el nombre de Jesús.

Oración por mis hijos

_____

_____

Bloque de oración # 23

Señor, guárdame en santidad

En él, Dios nos escogió antes de la fundación del mundo, para que en su presencia seamos santos e intachables. Por amor.

EFESIOS 1:4, RVC

Señor, tú dices en tu Palabra que no me llamaste a vivir en la inmundicia, sino en santidad (1 Tesalonicenses 4:7, RVC). Me escogiste para ser santa y sin mancha delante de ti. Sé que fui lavada y hecha santa por la sangre de Jesús (1 Corintios 6:11). Me vestiste en tu justicia y me permitiste ponerme el nuevo hombre «en la justicia y santidad de la verdad» (Efesios 4:24). Ayúdame a «[aferrarme] a lo bueno» (Romanos 12:9, NTV) y a conservarme pura (1 Timoteo 5:22). Señor, ayúdame a separarme de cualquier cosa que no sea santa. No quiero malgastar mi vida en cosas que no tengan valor.

Te lo pido en el nombre de Jesús.

Oración por mí

Ayuda a mis hijos para que les atraiga lo que es santo

En una casa grande, no solamente hay utensilios de oro y de plata, sino también de madera y de barro; y unos son para usos honrosos, y otros para usos viles. Así que, si alguno se limpia de estas cosas, será instrumento para honra, santificado, útil al Señor, y dispuesto para toda buena obra.

2 Timoteo 2:20-21

Señor, te ruego que llenes a (nombre de los hijos) de un amor por ti que sobrepase su amor por cualquier cosa o por otra persona. Ayúdalos a respetar y reverenciar tus leyes, y a comprender que existen para su beneficio. Esconde tu Palabra en sus corazones de modo que no les atraiga lo que no es santo a tus ojos. Te pido que huyan del mal, de la impureza y de pensamientos, palabras y actos impíos. Permite que Cristo sea formado en sus vidas y los motive a buscar el poder de tu Espíritu Santo, a fin de que les sea posible hacer lo que es bueno.

Te lo pido en el nombre de Jesús.

Oración por mis hijos

_____

_____

Bloque de oración # 24

Señor, quiero ser pura como tú eres puro

Dios bendice a los que tienen corazón puro, porque ellos verán a Dios.

Mateo 5:8, ntv

Señor, ayúdame a examinar con frecuencia mis caminos para que pueda regresar a tus caminos siempre que me aleje. Haz posible que dé los pasos necesarios a fin de ser pura delante de ti. Quiero ser más como tú. Hazme participante de tu santidad (Hebreos 12:10), y que mi espíritu, alma y cuerpo se conserven irreprochables (1 Tesalonicenses 5:23, nvi®). Sé que tú me llamaste a la pureza, y que dijiste que: «Fiel es el que os llama, el cual también lo hará» (1 Tesalonicenses 5:24). Gracias porque me permitirás permanecer pura, así voy a estar plenamente preparada para todo lo que tienes para mí.

Te lo pido en el nombre de Jesús.

Oración por mí

_____

_____

_____

_____

_____

Guía a mis hijos para que tomen decisiones por la pureza

*¿Quién subirá al monte del Señor? ¿Y quién podrá
estar en su lugar santo? El de manos limpias y corazón
puro; el que no ha alzado su alma a la falsedad,
ni jurado con engaño. Ese recibirá bendición
del Señor, y justicia del Dios de su salvación.*

Salmo 24:3-5, lbla

Señor, tú dijiste: «Dios bendice a los que tienen corazón puro, porque ellos verán a Dios» (Mateo 5:8, ntv). Permite que el deseo de tener un corazón puro se refleje en todo lo que hacen mis hijos. Te ruego que las ropas que visten y la manera que escogen para adornar sus cuerpos y rostros reflejen una reverencia y un deseo de glorificarte. Donde se hayan desviado del camino de la pureza, tráeles al arrepentimiento y a usar tu poder de limpieza en su corazón y vida. Dales la comprensión de que vivir una vida que sea pura a tus ojos les trae integridad y bendición, y que la mayor recompensa es la de estar más cerca de ti.

Te lo pido en el nombre de Jesús.

Oración por mis hijos

Bloque de oración # 25

Señor, llévame al propósito por el que me creaste

Sed tanto más diligentes para hacer firme vuestro llamado y elección de parte de Dios; porque mientras hagáis estas cosas nunca tropezaréis.

2 Pedro 1:10, LBLA

Señor, ayúdame a «[andar] como es digno de la vocación con que [fui llamada]» (Efesios 4:1). Sé que hay un plan designado para mí, y tengo un destino que se cumplirá ahora. Ayúdame a vivir mi vida con un propósito de sentido y la comprensión del llamado que me has dado. Quita cualquier desánimo que sienta y sustitúyelo con gozosa anticipación de lo que vas a hacer a través de mí. Úsame como tu instrumento para marcar una diferencia positiva en la vida de quienes pones en mi camino.

Te lo pido en el nombre de Jesús.

Oración por mí

_____
_____
_____
_____
_____

Ayuda a mis hijos a escuchar tu llamado

*Vivan como es digno del
llamamiento que han recibido.*

Efesios 4:1, RVC

Señor, te ruego que derrames tu Espíritu sobre (nombre de los hijos) en este día y les unjas para todo lo que les has llamado a ser y a hacer. Líbralos de cualquier plan malvado del diablo para robarles su vida, para robarles sus cualidades únicas y talentos, para comprometer el camino que les has llamado a vivir o para destruir a las personas para las que los creaste tú. Que no sigan a nadie más que a ti, pero que puedan ser líderes del pueblo en tu reino. Ayúdalos a escuchar tu llamado temprano en su vida para que no malgasten el tiempo siguiendo lo que no sea tu voluntad. Ayúdalos a ser bien conscientes de su propósito.

Te lo pido en el nombre de Jesús.

Oración por mis hijos

_____
_____
_____
_____

Bloque de oración # 26

Señor, ayúdame a andar en el camino que te agrade

El que guarda sus mandamientos, permanece en Dios, y Dios en él. Y en esto sabemos que él permanece en nosotros, por el Espíritu que nos ha dado.

1 Juan 3:24

Señor, tu Palabra dice que «si decimos que no tenemos pecado, nos engañamos a nosotros mismos, y la verdad no está en nosotros» (1 Juan 1:8). No quiero engañarme a mí misma por no preguntarte dónde me estoy equivocando en lo que estableciste para mi vida. Muéstrame si estoy haciendo cosas que no debo. Ayúdame a escuchar tus instrucciones específicas para mí. Háblame con claridad a través de tu Palabra para conocer lo que es bueno y lo que es malo. No quiero contristar al Espíritu Santo en nada de lo que hago (Efesios 4:30). Ayúdame a estar siempre aprendiendo acerca de tus caminos de modo que pueda vivir en la plenitud de tu presencia y moverme en todo lo que tienes para mí.

Te lo pido en el nombre de Jesús.

Oración por mí

_____
_____

Ayuda a mis hijos a caminar sometidos a ti

Oye, hijo mío, la instrucción de tu padre, y no desprecies la dirección de tu madre; porque adorno de gracia serán a tu cabeza, y collares a tu cuello.

Proverbios 1:8-9

Señor, tu Palabra instruye: «Hijos, obedeced a vuestros padres en todo, porque esto agrada al Señor» (Colosenses 3:20). Te ruego que hagas volver los corazones de mis hijos hacia sus padres, y que puedan honrar y obedecer tanto a su padre como a su madre para que su vida sea larga y buena. Vuelve cada corazón hacia ti de modo que todo lo que hagan sea agradable a tus ojos. Que aprendan a identificar y a enfrentar su orgullo y rebelión, y que estén dispuestos a confesarlos y a arrepentirse. Hazlos sentir incómodos con el pecado. Ayúdalos a conocer la belleza y la sencillez de caminar con un espíritu dulce y humilde en obediencia y sumisión a ti.

Te lo pido en el nombre de Jesús.

Oración por mis hijos

_____

_____

_____

Bloque de oración # 27

Señor, guíame en todas mis relacioness

Dios hace habitar en familia a los desamparados; saca a los cautivos a prosperidad.

SALMO 68:6

Señor, levanto a cada una de mis relaciones ante ti y te pido que las bendigas. Te ruego que tu paz reine en ellas y que cada una te glorifique. Ayúdame a escoger mis amistades con sabiduría, de modo que no me lleven por mal camino. Dame discernimiento y fortaleza para separarme de cualquiera que no sea una buena influencia. Te entrego todas mis relaciones y te pido que tu voluntad se haga en cada una de ellas. En especial, te ruego por mis relaciones con cada uno de mis familiares, que traigas sanidad, perdón, reconciliación y restauración donde se necesiten. Fortalece esas relaciones en ti por el poder de tu Espíritu obrando en cada uno de nosotros.

Te lo pido en el nombre de Jesús.

Oración por mí

_____

_____

Protege las relaciones de mis hijos con los familiares

Bienaventurados los pacificadores, porque ellos serán llamados hijos de Dios.

Mateo 5:9

$\mathscr{S}\!e\tilde{n}or$, te ruego por (nombre de los hijos) y su relación con todos los familiares. Protégelas y presérvalas de cualquier ruptura sin resolver o permanente. Llena sus corazones con tu amor y dales una abundante compasión y perdón que fluya a cada miembro de la familia. En específico, te ruego por una cercana, feliz, amorosa y satisfactoria relación entre (nombre de los hijos) y (nombre del familiar) por todos los días de sus vidas. Que siempre haya una buena comunicación entre ellos, y que la falta de perdón no tenga cabida en sus corazones. Ayúdalos a amarse, valorarse, apreciarse y respetarse los unos a los otros, de modo que no pueda romperse entre ellos el vínculo ordenado por Dios. Permíteles ser los pacificadores siempre que sea posible.

Te lo pido en el nombre de Jesús.

Oración por mis hijos

_____

_____

Bloque de oración # 28

Señor, ayúdame a ser amable y amorosa con los que me rodean

Sean bondadosos y misericordiosos, y perdónense unos a otros, así como también Dios los perdonó a ustedes en Cristo.

EFESIOS 4:32, RVC

Señor, te ruego por cualquier relación que tenga con personas que no te conocen. Dame palabras que decirles para que vuelvan sus corazones hacia ti. Ayúdame a ser luz para ellas. En específico, te pido por (nombre de un no creyente o alguien que ha andado alejado de Dios). Suaviza el corazón de esta persona de modo que abra sus ojos para recibirte y seguirte con fidelidad. También te pido que pueda mostrarles amor, bondad y perdón a quienes me rodean, en especial a las mujeres en mi vida que confían en mí, a fin de que sea coherente en mi forma de ser porque saben que camino contigo.

Te lo pido en el nombre de Jesús.

Oración por mí

_____
_____
_____
_____

Ayuda a mis hijos a ser pacificadores

*¡Mirad cuán bueno y cuán delicioso es
habitar los hermanos juntos en armonía!*

Salmo 133:1

Señor, te ruego que les enseñes a mis hijos a resolver los malentendidos con rapidez. Te pido que no haya tirantez, ruptura, incomprensión, discusión, pelea ni amarga separación de los vínculos en cualquier relación que tengan. Dales un corazón de perdón y reconciliación. Tu Palabra nos instruye a ser «de un mismo sentir, compasivos, amándoos fraternalmente, misericordiosos, amigables» (1 Pedro 3:8). Ayúdalos a ser así. Ayúdalos a vivir «[esforzándose] por preservar la unidad del Espíritu en el vínculo de la paz» (Efesios 4:3, lbla). Te ruego que les infundas amor y compasión por todos los miembros de su familia, que sean fuertes y no tengan fin, como una cuerda que no se puede romper.

Te lo pido en el nombre de Jesús.

Oración por mis hijos

_____

_____

_____

Bloque de oración # 29

Señor, protégeme a mí y a todos los que me preocupan

*Porque has puesto al S*ENOR*, que es mi refugio, al Altísimo, por tu habitación. No te sucederá ningún mal, ni plaga se acercará a tu morada.*

SALMO 91:9-10, LBLA

Señor, te pido que tu mano de protección esté sobre mí. Confío en tu Palabra, la cual me asegura que tú eres mi roca, mi fortaleza, mi libertador, mi escudo, mi baluarte y mi fuerza en quien confío. Quiero habitar a tu abrigo y morar bajo tu sombra (Salmo 91:1). Mantenme bajo el amparo de tu protección. Ayúdame a no alejarme del centro de tu voluntad ni a estar fuera del camino que tienes para mí. Permíteme escuchar siempre tu voz guiándome. Envía a tus ángeles para que me protejan en todos mis caminos. Me llevarán, para que ni siquiera tropiece (Salmo 91:12).

Te lo pido en el nombre de Jesús.

Oración por mí

_____

_____

_____

Pon un cerco de protección alrededor de mis hijos

Cuando pases por las aguas, yo estaré contigo; y si por los ríos, no te anegarán. Cuando pases por el fuego, no te quemarás, ni la llama arderá en ti.

Isaías 43:2

Señor, levanto a (nombre de los hijos) ante ti y te pido que pongas un cerco de protección a su alrededor. Protege su espíritu, cuerpo, mente y emociones de cualquier clase de mal o perjuicio. Te ruego en específico por protección de accidentes, enfermedades, daños o cualquier abuso físico, mental o emocional. Te pido que «en la sombra de tus alas» se amparen «hasta que pasen los quebrantos» (Salmo 57:1). Ocúltalos de cualquier tipo de malas influencias que podrían venir en su contra. Ayúdalos a entender que estarás a su lado dondequiera que vayan, y sin importar lo que experimenten, tú los protegerás a través de esto.

Te lo pido en el nombre de Jesús.

Oración por mis hijos

_____
_____
_____

Bloque de oración # 30

Señor, sé mi refugio y mi fortaleza

El que habita al abrigo del Altísimo se acoge a la sombra del Todopoderoso. Yo le digo al S{\sc eñor} «Tú eres mi refugio, mi fortaleza, el Dios en quien confío».

S{\sc almo} 91:1-2, {\sc nvi}®

Señor, tú eres mi refugio y fortaleza y mi «pronto auxilio en las tribulaciones». Por lo tanto, no temeré «aunque la tierra sea removida, y se traspasen los montes al corazón del mar» (Salmo 46:1-2). Protégeme de los planes de la gente mala, y guárdame del peligro repentino. Gracias porque tu misericordia me permite refugiarme en ti porque tú me amas y yo confío en ti. Ayúdame a habitar contigo siempre al abrigo de tu sombra, así que cerca de ti no me pueden destruir. Gracias por tus promesas de protección que me ayudan a dormir en paz durante la noche y a experimentar un lugar de descanso en el día también.

Te lo pido en el nombre de Jesús.

Oración por mí

_____

_____

_____

Guarda a mis hijos seguros en todo momento

*En paz me acostaré y así también
dormiré; porque sólo tú, Señor,
me haces habitar seguro.*

Salmo 4:8, lbla

Señor, gracias por tus muchas promesas de protección. Te ruego que pongas un cerco de seguridad y protección alrededor de (<u>nombre de los hijos</u>), y por todos lados, y los mantengas alejados de cualquier daño. Protégelos de cualquier peligro oculto y que no prospere ninguna arma forjada en su contra. Ayúdalos a andar en tus caminos y en obediencia a tu voluntad de modo que nunca salgan del amparo de esa protección. Guárdalos seguros en todo lo que hagan y dondequiera que vayan.

Te lo pido en el nombre de Jesús.

Oración por mis hijos

Bloque de oración # 31

Señor, ayúdame a perdonar a otros de la manera que tú me perdonaste a mí

Si ustedes perdonan a los otros sus ofensas, también su Padre celestial los perdonará a ustedes.

Mateo 6:14, rvc

Señor, no quiero que nada se interponga entre tú y yo, y no quiero que mis oraciones se obstaculicen porque he albergado pecado en mi corazón. En este día, decido perdonar a todos y caminar libre de la muerte que implica la falta de perdón. Si alguna persona tiene falta de perdón hacia mí, te pido que le suavices su corazón para que me perdone y me muestres lo que puedo hacer para ayudar a resolver este problema entre nosotros. Sé que no puedo ser una luz para los demás siempre y cuando camine en la oscuridad de la falta de perdón. Decido andar en la luz, como tú estás en la luz, y ser limpia de todo pecado (1 Juan 1:7).

Te lo pido en el nombre de Jesús.

Oración por mí

_____

_____

_____

Dales a mis hijos un corazón que sea pronto en perdonar

Cuando oren, si tienen algo contra alguien, perdónenlo, para que también su Padre que está en los cielos les perdone a ustedes sus ofensas.

Marcos 11:25, rvc

Señor, te ruego que (nombre de los hijos) nunca alberguen resentimiento, amargura, enojo ni falta de perdón hacia nadie. También te pido que se perdonen por los momentos de fracaso, y que nunca te culpen, Señor, por las cosas que pasan en esta tierra y en sus vidas. Conforme a tu Palabra, te ruego que amen a sus enemigos, que bendigan a quienes los maldicen, que hagan el bien a quienes los aborrecen y que oren por quienes los ultrajan y persiguen, a fin de que disfruten de tus bendiciones (Mateo 5:44-45). Te ruego que vivan en la plenitud de tu perdón y en la libertad del perdón hacia los demás.

Te lo pido en el nombre de Jesús.

Oración por mis hijos

_____

_____

_____

_____

Bloque de oración # 32

Señor, llena mi mente de sabiduría, entendimiento y conocimiento

Con sabiduría se construye la casa, y con inteligencia se ponen sus cimientos; con conocimientos se llenan sus cuartos de objetos valiosos y de buen gusto.

Proverbios 24:3-4, dhh

Señor, tú dijiste en tu Palabra que tú provees sana sabiduría para los rectos (Proverbios 2:7). Ayúdame a caminar en integridad, rectitud y obediencia a tus mandamientos. Que nunca sea sabia en mi propia opinión, sino que te tema siempre. Apártame del mal de modo que pueda reclamar la salud y la fortaleza que promete tu Palabra (Proverbios 3:7-8, nvi®). Dame la sabiduría, el conocimiento, la inteligencia, la dirección y el discernimiento que necesito para apartarme de los planes del maligno de modo que camine con seguridad y no tropiece (Proverbios 2:10-13, rvc). Señor, sé que en ti «están escondidos todos los tesoros de la sabiduría y del conocimiento» (Colosenses 2:3). Ayúdame a descubrir esos tesoros.

Te lo pido en el nombre de Jesús.

Oración por mí

Ayuda a mis hijos a tomar siempre decisiones sabias

Feliz el que halla sabiduría, el que obtiene inteligencia; porque son más provechosas que la plata y rinden mayores beneficios que el oro.

Proverbios 3:13-14 , dhh

Señor, tu Palabra dice: «El temor de Jehová es el principio de la sabiduría, y el conocimiento del Santísimo es la inteligencia» (Proverbios 9:10). Permite que un saludable temor y conocimiento de tus caminos sean el cimiento sobre el que se establezcan la sabiduría y el discernimiento en (nombre de los hijos). Que se vuelvan a ti para todas las decisiones de modo que no tomen malas decisiones. Ayúdalos a ver que todos los tesoros de la sabiduría y del conocimiento están escondidos en ti y que tú los das sin restricciones cuando te los pedimos. Mientras buscan sabiduría y discernimiento de ti, derrámalos con liberalidad sobre sus vidas para que todos sus caminos sean de paz y vida.

Te lo pido en el nombre de Jesús.

Oración por mis hijos

Bloque de oración # 33

Señor, fortaléceme para resistir la tentación

Bienaventurado el varón que soporta la tentación; porque cuando haya resistido la prueba, recibirá la corona de vida, que Dios ha prometido a los que le aman.

SANTIAGO 1:12

Señor, no permitas que me meta en tentación, sino líbrame del maligno y sus planes para mi caída. En el nombre de Jesús, rompo cualquier tentación que se aferra a mí. Mantenme fuerte y capaz de resistir cualquier cosa que me tentaría para alejarme de todo lo que tienes para mí. Te pido que no tenga pensamientos secretos donde albergue deseos impíos para hacer o decir algo que no debo. Te ruego que no tenga una vida secreta donde haga cosas que me avergonzaría que vieran otros. No quiero tener compañerismo con las obras infructuosas de las tinieblas. Ayúdame, en su lugar, a reprenderlas con tu luz (Efesios 5:11).

Te lo pido en el nombre de Jesús.

Oración por mí

_____
_____
_____

Guarda a mis hijos de la tentación

Os he puesto delante la vida y la muerte, la bendición y la maldición; escoge, pues, la vida, para que vivas tú y tu descendencia.

DEUTERONOMIO 30:19

Señor, te ruego que mantengas a (nombre de los hijos) libres de cualquier tentación; en especial, al alcohol, las drogas o a cualquier otra adicción. Fortalécelos en ti y capacítalos para que te pongan en control de sus vidas. Háblales a su corazón, muéstrales el camino que deben seguir y ayúdalos a ver que protegiendo su cuerpo de las cosas que lo destruyen es parte de su servicio a ti. Tú dijiste que «si vivís conforme a la carne, moriréis; mas si por el Espíritu hacéis morir las obras de la carne, viviréis» (Romanos 8:13). Enséñales a vivir por el Espíritu, y no por la carne, todos los días de la vida.

Te lo pido en el nombre de Jesús.

Oración por mis hijos

_____

_____

_____

_____

_____

Bloque de oración # 34

Señor, guarda mi vida de los peligros de la tentación

No os ha sobrevenido ninguna tentación que no sea humana; pero fiel es Dios, que no os dejará ser tentados más de lo que podéis resistir, sino que dará también juntamente con la tentación la salida, para que podáis soportar.

1 Corintios 10:13

Señor, ayúdame a guardar tu Palabra en mi corazón de modo que vea con claridad cuando me amenacen las tentaciones. Ayúdame a no pecar contra ti de ninguna manera (Salmo 119:11). Gracias, Señor, porque estás cerca de todos los que te invocan, y tú cumplirás el deseo de quienes te temen. Gracias porque tú escuchas mis oraciones a fin de ser libre de toda tentación. Líbrame de cualquier debilidad que pudiera alejarme de todo lo que tienes para mí (Salmo 145:18-19). Gracias porque tú sabes cómo «librar de tentación a los piadosos» (2 Pedro 2:9). Gracias porque me librarás de toda tentación y la mantendrás lejos de mí porque confío en ti.

Te lo pido en el nombre de Jesús.

Oración por mí

_____
_____

Libra a mis hijos de la tentación de hacer el mal

Hay camino que parece derecho al hombre,
pero su fin es camino de muerte.

PROVERBIOS 16:25

Señor, te ruego que frustres cualquier plan que Satanás tenga para destruir la vida de mis hijos a través del alcohol y de las drogas. Elimínales cualquier cosa en su personalidad que le atraerían a esas sustancias. Sé que los hijos no siempre ven la seriedad de los peligros a su alrededor, pero te ruego que les abras los ojos a mis hijos a la verdad. Dales discernimiento y fortaleza para que sean capaces de decirle no a las cosas que traen muerte y sí a las cosas de Dios que traen vida. Que vean con claridad la verdad en cualquier momento de tentación y que sean librados del maligno siempre que estén atrapados. Que su única adicción sea a tu presencia. Que puedan estar firmes y resistir la tentación de modo que reciban la corona de la vida que has prometido.

Te lo pido en el nombre de Jesús.

Oración por mis hijos

_____

_____

Bloque de oración # 35

Señor, sáname de todas las formas posibles

Sáname, oh Señor y seré sanado; sálvame y seré salvo, porque tú eres mi alabanza.

Jeremías 17:14, LBLA

Señor, gracias porque tú eres el Sanador. Te busco por mi sanidad siempre que tenga dolencias o esté enferma. Te ruego que me fortalezcas y me sanes hoy. En específico, te pido por (nombra cualquier lugar donde necesites que el Señor te sane). Sáname «para que se [cumpla] lo dicho por el profeta Isaías: "Él mismo tomó nuestras enfermedades, y llevó nuestras dolencias"» (Mateo 8:17, RVC). Gracias porque tú sufriste, moriste y te sepultaron por mí, a fin de que yo pudiera tener sanidad, perdón y vida eterna. Por tus heridas soy sanada (1 Pedro 2:24). En tu presencia puedo acercarme y tocarte, y a la vez que me toques tú.

Te lo pido en el nombre de Jesús.

Oración por mí

_____

_____

_____

_____

Protege a mis hijos de daño o enfermedad

*La oración de fe salvará al enfermo,
y el Señor lo levantará.*

SANTIAGO 5:15

Señor, debido a que nos instruyes en tu Palabra que oremos los unos por los otros a fin de ser sanos, te ruego por sanidad e integridad por (nombre de los hijos). Te pido que las enfermedades y las dolencias no tengan lugar ni poder en sus vidas. Oro por protección contra cualquier enfermedad o daño que vengan a sus cuerpos. Tu Palabra dice: «Envió su palabra, y los sanó, y los libró de su ruina» (Salmo 107:20). Siempre que haya enfermedad, padecimiento o dolencia en sus cuerpos, te ruego que tú, Señor, los toques con tu poder sanador y les restaures por completo la salud.

Te lo pido en el nombre de Jesús.

Oración por mis hijos

_____
_____
_____
_____
_____

Bloque de oración # 36

Señor, ayúdame a aprender a cuidar mi cuerpo como es debido

*Si alguno destruye el templo de Dios,
Dios lo destruirá a él, porque el templo de
Dios es santo, y ustedes son ese templo.*

1 Corintios 3:17, rvc

Señor, ayúdame a ser una buena mayordoma del cuerpo que me diste. Enséñame cómo cuidarme. Dirígeme a personas que puedan ayudarme o aconsejarme. Cuando esté enferma y necesite ver al médico, muéstrame cuál médico ver y dale a ese médico la sabiduría de cómo tratarme. Permite que discipline mi cuerpo y lo someta para hacer lo que debo (1 Corintios 9:27, ntv). Sé que mi cuerpo es templo de tu Espíritu Santo, quien mora en mí. Ayúdame a entender por completo esta verdad, de modo que mantenga mi templo limpio y saludable.

Te lo pido en el nombre de Jesús.

Oración por mí

_____

_____

_____

_____

Ayuda a mis hijos a cuidar de su cuerpo

Mi pueblo fue destruido, porque le faltó conocimiento.

Oseas 4:6

Señor, te ruego que libres a (<u>nombre de los hijos</u>) de cualquier destrucción, enfermedad o lesión que pudiera sobrevenirles. En específico, te pido que los sanes de (nombra cualquier problema concreto). Cuando tengamos que ir a ver un médico, te ruego que nos muestres quién debe ser. Dale a ese médico total sabiduría y conocimiento para proceder de la mejor manera. Gracias, Señor, porque sufriste y moriste por nosotros para que podamos ser sanados. Reclamo esa herencia de sanidad que prometes en tu Palabra y provees para los que creen. Te busco a ti por una vida de vitalidad, sanidad e integridad para mis hijos.

Te lo pido en el nombre de Jesús.

Oración por mis hijos

_____
_____
_____
_____

Bloque de oración # 37

Señor, líbrame del temor impío

El Señor es mi luz y mi salvación; ¿a quién temeré? El Señor es la fortaleza de mi vida; ¿de quién tendré temor?

Salmo 27:1, lbla

Señor, gracias porque debido a que tú eres mi luz y mi salvación, y la fortaleza de mi vida, no tengo que temer. Seré fuerte y valiente, pues sé que tú estás conmigo dondequiera que vaya (Josué 1:9). Líbrame de todo temor impío, pues sé que el temor nunca es de ti. Te ruego que guardes mi corazón y mi mente del espíritu de temor. Si experimento sentimientos de temor, te ruego que los sustituyas con tu perfecto amor. Si he apartado mi mente de ti y la he puesto en mis circunstancias, ayúdame a revertir ese proceso, de modo que mi mente se centre en ti.

Te lo pido en el nombre de Jesús.

Oración por mí

_____
_____
_____
_____
_____

Libra a mis hijos de todo temor

Busqué al Señor, y él me escuchó, y
me libró de todos mis temores.

Salmo 34:4, RVC

Señor, te ruego que libres a (<u>nombre de los hijos</u>) de cualquier temor que amenace con dominarlos. Dijiste que tú no nos has dado «espíritu de cobardía, sino de poder, de amor y de dominio propio» (2 Timoteo 1:7). Inúndalos de tu amor y despoja todo temor y duda. Dales un sentido de tu amorosa presencia que es mayor que cualquier temor que amenace con someterlos. Ayúdalos a depender de tu poder en respuesta a sus oraciones, de manera que establezcan una fuerte confianza en tu amor por ellos.

Te lo pido en el nombre de Jesús.

Oración por mis hijos

Bloque de oración # 38

Señor, ayúdame a servirte con reverencia

*Enséñame, oh Señor, tu camino;
andaré en tu verdad; unifica mi corazón
para que tema tu nombre.*

Salmo 86:11, LBLA

Señor, tu Palabra dice que pondrás tu temor en los corazones de tu pueblo y no te volverás atrás de hacerles bien (Jeremías 32:40). Sé que el único temor que necesito es el temor de lo que debe ser la vida sin ti. Ese que trae temor piadoso, el cual es una profunda reverencia hacia ti. «Cuán grande es tu bondad, que has guardado para los que te temen» (Salmo 31:19). Gracias porque tu inquebrantable amor por mí se lleva todos mis temores. Debido a que he recibido un reino inconmovible, permite que demuestre gratitud, mediante la cual ofrecerte un servicio aceptable con temor y reverencia (Hebreos 12:28, LBLA).

Te lo pido en el nombre de Jesús.

Oración por mí

_____

_____

_____

Enseña a mis hijos a reverenciarte

El temor del Señor conduce a la vida, para dormir satisfecho sin ser tocado por el mal.

Proverbios 19:23, lbla

Señor, sé que como están de altos los cielos sobre la tierra, así es de grande tu misericordia para los que te reverencian (Salmo 103:11, lbla). Ayúdame a enseñarles a mis hijos a tener gran reverencia por ti todos los días de sus vidas. Gracias porque tú cumples el deseo de los que te temen, y escucharás nuestras oraciones (Salmo 145:19). Te ruego que pongas en (<u>nombre de los hijos</u>) un profundo temor o reverencia por ti que sea duradero. Todo debido a que sé que los ayudarás a tomar buenas decisiones, a hacer lo bueno y a apartarse del mal (Proverbios 16:6). Por favor, dales la fortaleza para resistir la influencia de cualquiera que no te ame ni te reverencie a ti y tu Palabra.

Te lo pido en el nombre de Jesús.

Oración por mis hijos

_____

_____

_____

_____

Bloque de oración # 39

Señor, úsame para influir en la vida de los demás

En esto conocemos el amor: en que Él puso su vida por nosotros; también nosotros debemos poner nuestras vidas por los hermanos.

1 Juan 3:16, lbla

Señor, ayúdame a servirte al ayudar a otros de la manera que quieres tú. Revélame cualquier lugar en mi vida donde deba darle a alguien ahora mismo. Dame un corazón generoso para darle al pobre. Ayúdame a ser una buena mayordoma de las bendiciones que me has dado al compartir lo que tengo con las personas que me indicas que ayude. Muéstrame a quién quieres que le extienda mi mano en este momento. Lléname de tu amor por otras personas y ayúdame a comunicarlo de una manera que se pueda percibir con claridad. Muéstrame cómo rendir mi vida de alguna manera por otro hermano o hermana en Cristo según me lo reveles. Tu amor por mí, me ayuda a amar a los demás.

Te lo pido en el nombre de Jesús.

Oración por mí

_____
_____

Enseña a mis hijos cómo influir en otros por ti

Los sabios resplandecerán tan brillantes como el cielo y quienes conducen a muchos a la justicia brillarán como estrellas para siempre.

Daniel 12:3, ntv

Señor, levanto a (nombre de los hijos) ante ti y te pido que traigas amistades piadosas y modelos a imitar a sus vidas. Dales la sabiduría que necesitan para escoger amigos que nunca los desalienten a comprometer su andar contigo a fin de ganar aceptación. Dame, Espíritu Santo, inspirado discernimiento en cómo guiar o influir en mis hijos a la hora de seleccionar amigos. Tu Palabra dice: «El que anda con sabios, sabio será; mas el que se junta con necios será quebrantado» (Proverbios 13:20). No permitas que otras personas descarríen a mis hijos, sino más bien que ellos sean quienes guíen a otros a ti. Úsalos para atraer personas a tu reino.

Te lo pido en el nombre de Jesús.

Oración por mis hijos

_____
_____
_____

Bloque de oración # 40

Señor, muéstrame cómo ser una bendición para otros

Cada uno según el don que ha recibido, minístrelo a los otros, como buenos administradores de la multiforme gracia de Dios.

1 Pedro 4:10

Señor, muéstrame cómo puedo ser una bendición para otros. No quiero estar tan dedicada a mi propia vida que no vea la oportunidad para usar las habilidades que me has dado para que tu luz y tu amor brillen a los que me rodean. Muéstrame lo que quieres que haga y permíteme hacerlo. Dame todo lo que necesito para ministrar vida, esperanza, ayuda y sanidad a la gente que pongas en mi camino. Haz que sea una de tus fieles intercesoras, y enséñame cómo orar en poder por otros. Ayúdame a marcar una gran diferencia en el mundo porque tú estás obrando por medio de mí para tocar vidas para tu gloria. Que mi mayor placer siempre sea en el servicio a ti por servir a los demás.

Te lo pido en el nombre de Jesús.

Oración por mí

_____

_____

Enseña a mis hijos cómo ayudar a las demás personas

Más bienaventurado es dar que recibir.

Hechos 20:35

Señor, te ruego que libres a (<u>nombre de los hijos</u>) de cualquier persona en su vida que tenga un carácter impío, de modo que no aprendan la manera de ser de esa persona y establezcan una trampa para sus almas. Siempre que se produzca un dolor por una amistad perdida, consuélalos y envíales nuevas amistades con las que se puedan conectar, compartir y ser las personas para las que las creaste. Elimina cualquier soledad o baja autoestima que les causarían que buscaran menos que relaciones que glorifiquen a Dios. Enséñales cómo ser buenos amigos al ser dadores en lugar de personas interesadas. Permite que comprendan cómo bendecir a otros al ayudarlos donde lo necesitan.

Te lo pido en el nombre de Jesús.

Oración por mis hijos

_____

_____

_____

_____

Bloque de oración # 41

Señor, instrúyeme para expresar palabras que traigan vida

Los labios justos son el contentamiento de los reyes,
Y éstos aman al que habla lo recto.

Proverbios 16:13

Señor, ayúdame a ser una persona que exprese palabras que edifiquen y no que destruyan. Ayúdame a hablar vida en las situaciones y las personas alrededor de mí, y no muerte. Llena mi corazón de nuevo cada día con tu Espíritu Santo, de modo que el amor y la bondad inunden mi corazón y mi boca. Ayúdame a hablar solo acerca de cosas que sean verdaderas, honestas, justas, puras, amables, buenas, virtuosas y dignas de alabanza. Espíritu Santo de verdad, guíame a toda verdad. «Sean gratos los dichos de mi boca y la meditación de mi corazón delante de ti, oh Jehová, roca mía, y redentor mío» (Salmo 19:14). Que cada palabra que diga refleje siempre tu amor.

Te lo pido en el nombre de Jesús.

Oración por mí

_____

_____

_____

Llena el corazón de mis hijos con palabras que te agraden

El hombre bueno, del buen tesoro del corazón saca buenas cosas; y el hombre malo, del mal tesoro saca malas cosas.

Mateo 12:35

Señor, llena el corazón de (nombre de los hijos) con tu Espíritu y tu verdad, de modo que en su boca abunden palabras de vida y no de muerte. Pon un control sobre sus bocas para que cada tentación de usar un lenguaje profano, negativo, cruel, hiriente, indiferente, desamorado o insensible atraviese su espíritu y haga que se sientan incómodos. Te ruego que el lenguaje obsceno o grosero sea tan ajeno para ellos que si alguna vez palabras como esas encuentran la manera de salir a través de sus labios, sean como gravas en sus bocas y las rechacen. Ayúdalos a controlarse siempre de modo que sus palabras no salgan de manera descuidada o sin pensarlas.

Te lo pido en el nombre de Jesús.

Oración por mis hijos

Bloque de oración # 42

Señor, permite que siempre diga palabras que te honren

Panal de miel son las palabras agradables, dulces al alma y salud para los huesos.

PROVERBIOS 16:24, LBLA

Señor, tú dijiste que «del hombre son los propósitos del corazón, mas del SEÑOR es la respuesta de la lengua» (Proverbios 16:1, LBLA). Prepararé mi corazón para estar en tu Palabra cada día y obedecer tus leyes. Prepararé mi corazón para adorarte y darte gracias en todas las cosas. Llena mi corazón con amor, paz y gozo a fin de que fluyan de mi boca. Te ruego que me des las palabras que debo decir cada vez que hable. Muéstrame cuándo hablar y cuándo no hacerlo. Y siempre que hable, dame palabras que traigan vida y aliento.

Te lo pido en el nombre de Jesús.

Oración por mí

_____
_____
_____
_____
_____

Enseña a mis hijos a decir palabras de aliento

Sean gratas las palabras de mi boca y la meditación de mi corazón delante de ti, oh Señor, roca mía y redentor mío.

Salmo 19:14, lbla

Señor, te ruego que impidas que (nombre de los hijos) queden atrapados por las palabras de sus bocas. Tu prometes que «el que guarda su boca y su lengua, su alma guarda de angustias» (Proverbios 21:23). Tu Palabra también dice que «la muerte y la vida están en poder de la lengua, y el que la ama comerá de sus frutos» (Proverbios 18:21). Permite que mis hijos sean prontos para oír y tardos para hablar, de modo que sus palabras estén siempre sazonadas con gracia. Equípalos para que sepan cómo, qué y cuándo hablarle a alguien en cualquier situación. Permíteles hablar siempre palabras de esperanza, salud, aliento y vida, y a decidir que sus palabras sean agradables a ti.

Te lo pido en el nombre de Jesús.

Oración por mis hijos

_____

_____

Bloque de oración # 43

Señor, guíame al futuro que tienes para mí

La senda de los justos es como la luz de la aurora,
que va en aumento hasta que el día es perfecto.

PROVERBIOS 4:18

Señor, pongo mi futuro en tus manos y te pido que me des una paz total al respecto. Quiero estar en el centro de tus planes para mi vida, sabiendo que me has dado todo lo que necesito para lo que viene más adelante. Te ruego que me des la fortaleza para perseverar sin darme por vencida. Tú dijiste que «el que persevere hasta el fin, éste será salvo» (Mateo 10:22). Ayúdame a correr la carrera de una manera que termine fuerte y reciba el premio que tienes para mí (1 Corintios 9:24). Ayúdame a ser constante en la oración para que mi vida sea larga, fructífera y agradable para ti, así como para otros.

Te lo pido en el nombre de Jesús.

Oración por mí

_____
_____
_____
_____
_____

Dales a mis hijos un gran futuro

Esta es la voluntad del que me ha enviado: Que todo aquél que ve al Hijo, y cree en él, tenga vida eterna; y yo le resucitaré en el día postrero.

Juan 6:40

Señor, te ruego que el futuro que tienes para (nombre de los hijos) sea bueno, largo, próspero y seguro. Te pido primero por su futuro en la eternidad. Pon en sus vidas un profundo entendimiento de quién eres tú. En tu Palabra dijiste: «Si confesares con tu boca que Jesús es el Señor, y creyeres en tu corazón que Dios le levantó de los muertos, serás salvo» (Romanos 10:9). Te pido para mis hijos ese compromiso de fe en ti. Que te conozcan como su Salvador. Enséñales a reconocerte en cada aspecto de la vida, y a siempre decidir seguirte a ti y tus caminos de modo que bendigas sus vidas en la tierra.

Te lo pido en el nombre de Jesús.

Oración por mis hijos

Bloque de oración # 44

Señor, ayúdame a poner mi futuro en tus manos

Plantados en la casa del Señor, florecerán en los atrios de nuestro Dios. Aun en la vejez darán fruto; estarán vigorosos y muy verdes, para anunciar cuán recto es el Señor.

Salmo 92:13-15, lbla

Señor, sé que tus pensamientos hacia mí son para darme un futuro lleno de esperanza y paz. Sé que me salvaste y me llamaste con un llamamiento santo, no conforme a mis obras, sino según tu propósito y gracia (2 Timoteo 1:9). Gracias porque tú estás siempre conmigo, guiándome en la senda de modo que no vaya a perder mi camino. Ayúdame a estar plantada en ti para que siempre florezca y dé frutos. Tomo tu mano hoy, así puedo andar contigo en el futuro que tienes para mí.

Te lo pido en el nombre de Jesús.

Oración por mí

_____

_____

_____

_____

_____

Dales a mis hijos un futuro largo y bueno

Yo sé muy bien los planes que tengo para ustedes —afirma el Señor—, planes de bienestar y no de calamidad, a fin de darles un futuro y una esperanza.

Jeremías 29:11, nvi®

Señor, gracias porque tus pensamientos hacia mis hijos son darles bienestar, esperanza y un buen futuro. Ayúdalos a vivir de una manera que siempre sean merecedores de esa promesa para sus vidas. Te ruego que (nombre de los hijos) disfruten de una vida fructífera, creciendo cada vez más en el conocimiento de ti. Que siempre conozcan tu voluntad, tengan entendimiento espiritual y anden de una manera que sea agradable a tus ojos. Gracias porque te preocupas por su futuro, incluso más que yo, y que están seguros en ti. Dales un futuro que sea brillante, largo, próspero y seguro. Guíalos paso a paso de modo que nunca se aparten del camino que tienes para sus vidas.

Te lo pido en el nombre de Jesús.

Oración por mis hijos

_____

_____

Bloque de oración # 45

Señor, te pido un renovado fluir de tu Espíritu en mí

*Si ustedes, que son malos, saben dar cosas buenas
a sus hijos, ¡cuánto más el Padre celestial dará
el Espíritu Santo a quienes se lo pidan!*

Lucas 11:13, RVC

Señor, derrama tu Espíritu en mí de una renovada manera. Necesito escuchar tu voz hablándole a mi corazón y guiándome en cada paso de mi vida. Te pido que tu poder obre a mi favor, capacitándome para que haga lo que no puedo hacer por mi cuenta. Necesito que tu Espíritu me ayude a ser más fuerte y mejor en todos los sentidos. Sé que no puedo darles a mis hijos todo lo que necesitan, pero tú puedes darles todo lo que necesitan para la vida. Sé que con un renovado flujo de tu Espíritu en mí puedo ser la mejor madre para ellos. Gracias porque tu Espíritu moviéndose en mi vida será un escudo protector contra toda la oposición que enfrento del enemigo.

Te lo pido en el nombre de Jesús.

Oración por mí

_____

_____

Derrama tu Espíritu en mis hijos

Sucederá en los últimos días —dice Dios—
que derramaré de mi Espíritu sobre toda
carne; y vuestros hijos y vuestras hijas
profetizarán, vuestros jóvenes verán visiones,
y vuestros ancianos soñarán sueños.

Hechos 2:17, lbla

Señor, dijiste que en los últimos días derramarás tu Espíritu sobre toda carne. Clamo a ti desde lo más profundo de mi corazón y te pido que derrames tu Espíritu Santo sobre mis hijos. Derrama tu Espíritu sobre mí y mis otros familiares también. Derrama tu Espíritu sobre cualquier circunstancia difícil que enfrente cada uno de mis hijos. Sé el Señor sobre cada parte de sus vidas y cada aspecto de su ser. Háblales a su corazón y ayúdalos a escucharte. Permíteles entender y reconocer tu poder obrando en sus vidas.

Te lo pido en el nombre de Jesús.

Oración por mis hijos

Bloque de oración # 46

Señor, enséñame a decir siempre la verdad

Los labios mentirosos son abominación al Señor, pero los que obran fielmente son su deleite.

Proverbios 12:22, lbla

Señor, enséñame todo lo que necesito saber de ti. Permíteme mostrar «fidelidad, mansedumbre» y «dominio propio» (Gálatas 5:22-23, lbla). Tú eres el Espíritu de sabiduría, gracia, santidad y vida. Tú eres el Espíritu de consejo, poder y conocimiento (Isaías 11:2). Espíritu de verdad, ayúdame a conocer la verdad en todas las cosas. Gracias porque me diriges y guías. Gracias por ser mi Ayudador y Consolador. Ayúdame a orar con poder y adorarte de la manera que te agrada. Gracias porque tú me resucitarás para estar contigo cuando termine mi vida en la tierra. Hasta entonces, llévame siempre más cerca de ti.

Te lo pido en el nombre de Jesús.

Oración por mí

_____
_____
_____

Dales a mis hijos un corazón que sea veraz

No tengo yo mayor gozo que este, el oír que mis hijos andan en la verdad.

3 JUAN 4

Señor, abre los oídos de mis hijos para que escuchen tu verdad de modo que rechacen todas las mentiras. Cada vez que duden en hacer eso, extiende tu mano y atráelos de nuevo hacia ti. Convence sus corazones acerca del espíritu de mentira en el mundo actual, y dales la fortaleza y la claridad de convicción para rechazarlo. Permíteles levantarse por encima de la invasión del mal en nuestra cultura que cambia la verdad por las mentiras. Te ruego que tu Espíritu Santo derramado sobre ellos neutralice por completo el poder del enemigo que intenta seducirlos a mentir. Enséñales a amar tu verdad más y más cada día.

Te lo pido en el nombre de Jesús.

Oración por mis hijos

_____

_____

_____

_____

Bloque de oración # 47

Señor, abre mis ojos para entender tu Palabra

Me postraré hacia tu santo templo, y alabaré tu nombre por tu misericordia y tu fidelidad; porque has engrandecido tu nombre, y tu palabra sobre todas las cosas.

Salmo 138:2

Señor, estoy agradecida por tu Palabra. Me muestra cómo vivir, y me doy cuenta de que mi vida solo resulta si vivo a tu manera. Lo encuentro allí en las páginas y me enseñan lo que necesito saber. «Abre mis ojos, y miraré las maravillas de tu ley» (Salmo 119:18). Gracias por el consuelo, la sanidad, la liberación y la paz que me traen tu Palabra. Es alimento para mi alma hambrienta. Ayúdame a leerla cada día de modo que tenga una comprensión sólida de quién eres, quién me creó y cómo voy a vivir. Permite que tus palabras vivan en mí para que cuando ore, vea las respuestas a mis oraciones (Juan 15:7).

Te lo pido en el nombre de Jesús.

Oración por mí

_____

_____

Ayúdame a enseñarles a mis hijos a amar tus leyes

*Mucha paz tienen los que aman tu
ley, y no hay para ellos tropiezo.*

Salmo 119:165

Señor, te ruego que (nombre de los hijos) amen tu Palabra y la comprendan más cada día. Háblales a su corazón en cualquier momento que la escuchen o la lean, y haz que cobre vida para ellos. Enséñales tus caminos y tus leyes, y permíteles decidir hacer siempre lo bueno. Te pido que le silencies la voz del enemigo, de modo que escuchen a tu Espíritu Santo hablándoles a su corazón. Tú dijiste en tu Palabra que cuando alguien aparta su oído para no oír la ley, incluso su oración es abominable (Proverbios 28:9). Te ruego que no hagan oídos sordos a tus leyes.

Te lo pido en el nombre de Jesús.

Oración por mis hijos

_____

_____

_____

_____

Bloque de oración # 48

Señor, ayúdame a recordar siempre que tú eres mi refugio

Tú eres mi refugio; me guardarás de la angustia; con cánticos de liberación me rodearás.

Salmo 32:7

Señor, gracias porque tú eres «mi fortaleza, mi libertador; eres mi escudo, y en ti me refugio» (Salmo 144:2, RVC). Gracias porque «has librado mi alma de la muerte, y mis pies de caída», para que ande delante de ti (Salmo 56:13). Muéstrame cualquier cosa de la que necesite liberarme. Te ruego que «me [libres] de toda obra mala, y me [preserves]» para tu reino (2 Timoteo 4:18). «Oh Dios, no te alejes de mí; Dios mío, acude pronto en mi socorro» (Salmo 71:12). Ayúdame a tener en mente que siempre puedo correr a ti y que tú me ocultarás del mal.

Te lo pido en el nombre de Jesús.

Oración por mí

_____

_____

_____

_____

_____

Esconde a mis hijos de los ataques del enemigo

Escóndeme bajo la sombra de tus alas,
de la vista de los malos que me oprimen,
de mis enemigos que buscan mi vida.

Salmo 17:8-9

Señor, estoy agradecida porque en ti hay un lugar seguro. Y soy bien consciente de los muchos peligros en este mundo actual. También sé de los planes del enemigo para mal en la vida de mis hijos. Solo tú puedes guardarlos seguros del mal y esconderlos en tu presencia. Solo tú puedes darles un corazón que entienda cuánto amas y proteges a tus hijos cuando se vuelven a ti. Te pido que cada vez que mis hijos se sientan amenazados, se vuelvan a ti. Cada vez que sientan la intromisión del maligno en su vida, te ruego que se vuelvan a ti como su escudo. Ayúdame a orar en su favor como debo cada día.

Te lo pido en el nombre de Jesús.

Oración por mis hijos

_____
_____
_____
_____

Bloque de oración # 49

Señor, escúchame cuando clamo a ti en tiempos de angustia

Me invocará, y yo le responderé; con él estaré yo en la angustia; lo libraré y le glorificaré. Lo saciaré de larga vida, y le mostraré mi salvación.

Salmo 91:15-16

Señor, te ruego que respondas pronto mis oraciones en tiempos de angustia. Veo que las fuerzas que se levantan contra tus creyentes son poderosas, pero sé que tú eres mucho más poderoso. «Mi ayuda y mi libertador eres tú; Dios mío, no te tardes» (Salmo 40:17). Cuando clame a ti para que me libres del enemigo que trata de esclavizarme, gracias porque tú responderás al librarme (Salmo 118:5). Gracias porque tú nunca perderás el interés en ayudarme, sino que seguirás librándome (2 Corintios 1:9-10). Gracias porque tú me librarás de todo mal y estarás conmigo en cada prueba.

Te lo pido en el nombre de Jesús.

Oración por mí

_____

_____

_____

Enseña a mis hijos a volverse pronto a ti por ayuda

Dios es nuestro amparo y fortaleza, nuestro pronto auxilio en las tribulaciones.

SALMO 46:1

Señor, te ruego que mis hijos se vuelvan pronto a ti en tiempos de tribulaciones. Ayúdalos a entender y a creer que tú eres su refugio y fuente de fortaleza, y los escucharás. Te ruego que respondas pronto si están en algún peligro. Si el peligro consiste en las mentiras del enemigo invadiéndolos por el avance de una mentalidad equivocada o una creencia impía, ábreles los ojos para que vean la verdad. Arroja tu luz sobre lo que necesite que se ilumine, de modo que puedan reconocer con claridad el peligro y corran a ti por ayuda a fin de resistir y entrar en la seguridad de tu presencia.

Te lo pido en el nombre de Jesús.

Oración por mis hijos

_____

_____

_____

_____

_____

Bloque de oración # 50

Señor, permíteme mantenerme fuerte en ti

Él me ha dicho: «Con mi gracia tienes más que suficiente, porque mi poder se perfecciona en la debilidad». Por eso, con mucho gusto habré de jactarme en mis debilidades, para que el poder de Cristo repose en mí.

2 Corintios 12:9, RVC

Señor, te ruego que me ayudes a permanecer firme en todo lo que sé de ti. Enséñame a creer tu Palabra sin importar lo que suceda en mi vida. Permíteme ser obediente a tus caminos cuando sienta la tentación de no serlo. Reconozco que soy débil, pero me regocijo de que tú eres fuerte en mí, sobre todo durante los tiempos de dificultad. Concédeme aprender lo que necesito saber de cada desafío que enfrente. Guíame en el camino que tienes para mí. No quiero dar un solo paso sin ti. Ayúdame en la situación difícil que enfronto ahora. Sácame de cualquier desesperanza, temor, duda o frustración. Permíteme estar firme en la fe y a vivir siempre en tu voluntad.

Te lo pido en el nombre de Jesús.

Oración por mí

_____

_____

Rodea a mis hijos con tus ángeles

El Señor guardará tu salida y tu entrada
desde ahora y para siempre.
Salmo 121:8, lbla

Señor, te ruego que rodees a mis hijos con tus ángeles para que los guarden y no tropiecen (Salmo 91:12). Mantén una vigilancia constante sobre ellos dondequiera que vayan. Si entran en un camino que no deben seguir, ayúdalos a escuchar tu voz guiándolos de regreso a la senda que tienes para ellos. Enséñales a obedecerte para que siempre estén en tu voluntad, y en el lugar apropiado y en el tiempo adecuado. Te ruego que «el temor del Señor» sea para ellos «fuente de vida» que les servirá para «evadir los lazos de la muerte» (Proverbios 14:27, lbla). Te ruego que mantengas tus ojos sobre ellos y que ellos no aparten sus ojos de ti. Ayúdalos a que aprendan a habitar a tu sombra donde están protegidos (Salmo 91:1).

Te lo pido en el nombre de Jesús.

Oración por mis hijos

_____
_____
_____

Bloque de oración # 51

Señor, enséñame a descansar siempre en ti

Hermanos míos, tened por sumo gozo cuando os halléis en diversas pruebas, sabiendo que la prueba de vuestra fe produce paciencia. Mas tenga la paciencia su obra completa, para que seáis perfectos y cabales, sin que os falte cosa alguna.

Santiago 1:2-4

Señor, gracias por ayudarme a atravesar cada prueba. Gracias porque me has armado de fuerza para la batalla (Salmo 18:39, NTV). Por lo tanto, muchas veces «hubiera yo desmayado, si no hubiera creído que había de ver la bondad del Señor en la tierra de los vivientes» (Salmo 27:13, LBLA). Ayúdame a llegar a ser tan fuerte en ti que pueda descansar en medio de cualquier cosa, sin importar lo que suceda, porque sé que me darás lo que necesito para el momento en que esté. Enséñame a tener «sumo gozo» cuando atraviese tiempos de dificultad porque sé que harás por mí la obra completa (Santiago 1:2-4). Sé que «si anduviere yo en medio de la angustia, tú me vivificarás» (Salmo 138:7).

Te lo pido en el nombre de Jesús.

Oración por mí

Ayuda a mis hijos a sentir tu presencia y protección

Aunque ande en valle de sombra de muerte, no temeré mal alguno, porque tú estarás conmigo; tu vara y tu cayado me infundirán aliento.

Salmo 23:4

Señor, te ruego que tu mano de protección esté sobre mis hijos. Te pido que pongan su confianza en ti como su escudo y protector (Proverbios 30:5, RVC). Protégelos físicamente de todos los accidentes, enfermedades, dolencias, actos de violencia por parte de otros, peligros repentinos y los planes del maligno. Sé su protector siempre que estén en un auto, avión, ómnibus, barco o cualquier otro medio de transporte. Dondequiera que anden, te ruego que sientan tu presencia y protección. Si van por un mal camino, ayúdalos para que lo vean de inmediato y se vuelvan a ti para que los apartes del peligro (Salmo 17:5). Te ruego que no prospere ninguna arma forjada en su contra (Isaías 54:17).

Te lo pido en el nombre de Jesús.

Oración por mis hijos

_____

_____

Bloque de oración # 52

Señor, ayúdame a decirle no a la tentación

Sed sobrios, y velad; porque vuestro adversario el diablo, como león rugiente, anda alrededor buscando a quien devorar; al cual resistid firmes en la fe, sabiendo que los mismos padecimientos se van cumpliendo en vuestros hermanos en todo el mundo.

1 Pedro 5:8-9

Señor, te ruego que me guíes lejos de toda tentación para hacer o pensar algo que no te agrada. Ayúdame a saber siempre lo que es bueno y permíteme hacerlo. Líbrame de todos los ataques del maligno, quien trata de seducirme para apartarme de lo que es bueno a tus ojos. Te pido que la debilidad de mi carne no supere la fortaleza y el poder de tu Espíritu en mí. Decido que me controle Dios y no la carne. Sé que estoy muerta al pecado, pero viva en Cristo Jesús, y por lo tanto, no permitiré que el pecado reine en mí. Ayúdame a conocer bien tu Palabra y a permanecer en la misma siempre.

Te lo pido en el nombre de Jesús.

Oración por mí

_____

_____

Protege a mis hijos de la contaminación espiritual

Todo lo que hay en el mundo, los deseos de la carne, los deseos de los ojos, y la vanagloria de la vida, no proviene del Padre, sino del mundo.

1 Juan 2:16

Señor, ayuda a mis hijos a huir de la contaminación mundana y a resistir la tentación que los atraen a esto. Ayúdalos a apartarlas, no a buscarlas, y a no permitir su influencia. Dales la convicción para cambiar de canal; cerrar la página web; arrojar la revista, el DVD o el CD; salir del cine; y no estar con personas que acepten actividades pecaminosas (Proverbios 27:12). Dales entendimiento para que ninguna desviación del camino que tienes para ellos, incluso si solo ocurre en la mente, sea una trampa en la que caigan y un engaño para sus almas. Permíteles mantenerse sobre el terreno firme de lo que es bueno a tus ojos. Ayúdalos a guardar tu Palabra en su corazón de manera que no pequen contra ti (Salmo 119:9-11).

Te lo pido en el nombre de Jesús.

Oración por mis hijos

Bloque de oración # 53

Señor, ayúdame a tomar el escudo de la fe

Estad, pues, firmes, ceñida vuestra cintura con la verdad, revestidos con la coraza de la justicia [...] en todo, tomando el escudo de la fe con el que podréis apagar todos los dardos encendidos del maligno.

Efesios 6:14,16, LBLA

Señor, declaro que el pecao no tendrá dominio sobre mí, pues por tu poder y gracia puedo resistirlo (Romanos 6:11-14). Sé que no puedo estar firme si no dependo de la verdad de tu Palabra. Dame gran fe tanto en ti como en tu Palabra. Enséñame a tomar «el escudo de la fe», con el cual sea capaz de «apagar todos los dardos encendidos del maligno» (Efesios 6:16). Dame la habilidad para orar de manera poderosa contra todo mal, y a ser fuerte en la fe para resistir y mantenerme firme ante cada arremetida del enemigo. Gracias por proveerme una vía para escapar de los planes del enemigo para mi destrucción (1 Corintios 10:13, LBLA).

Te lo pido en el nombre de Jesús.

Oración por mí

_____

_____

Enseña a mis hijos para que tengan una gran fe

Todas las cosas son posibles para el que cree.

MARCOS 9:23, LBLA

Señor, tú dijiste en tu Palabra que nos has dado una «medida de fe» (Romanos 12:3). Te ruego que plantes semillas de fe en mis hijos y las multipliques hasta que tengan fe en ti y en tu Palabra que sea lo bastante fuerte para resistir toda tendencia a tener dudas. Te pido que su fe crezca más fuerte cada día y llegue a ser un escudo protector para sus vidas. Te ruego que sean tan fuertes en la fe que su relación contigo sobrepase todo lo demás en la vida. Desarrolla en ellos una relación contigo que sea suya de veras y no una extensión de la mía ni de nadie más. Dales una fe que sea firme y constante, y ayúdalos a creer que en ti son posibles todas las cosas.

Te lo pido en el nombre de Jesús.

Oración por mis hijos

Bloque de oración # 54

Señor, ayúdame a vivir en tu voluntad

Lo que ustedes necesitan es tener paciencia; para que, una vez que hayan hecho la voluntad de Dios, reciban lo que él ha prometido darnos.

Hebreos 10:36, RVC

Señor, consagro mi vida a ti. Quiero estar siempre en tu voluntad en todo lo que haga. Ayúdame a entender lo que es la esperanza de mi llamado (Efesios 1:17-18). Permíteme estar «[firme y constante], creciendo en la obra del Señor» que me llamaste a hacer. Sé que mi «trabajo en el Señor no es en vano», siempre y cuando cumpla tu perfecta voluntad para mi vida (1 Corintios 15:58). Dame la fuerza para resistir cualquier tentación que me lleve lejos del centro de tu voluntad, a fin de que pueda moverme en todo lo que me has prometido en tu Palabra.

Te lo pido en el nombre de Jesús.

Oración por mí

_____

_____

_____

_____

Dales a mis hijos el deseo de conocer tu voluntad

No se haga mi voluntad, sino la tuya.
Lucas 22:42

Señor, te ruego que (<u>nombre de los hijos</u>) tengan un sentido de tu voluntad para su vida y la habilidad para entenderla con claridad. Dales el Espíritu de sabiduría, de modo que se les iluminen los ojos de su entendimiento. Te pido que tus planes para sus vidas tengan éxito, y no los planes del enemigo. Permíteles separarse de todas las distracciones de este mundo y decidirse por ti para escuchar tu voz. Te ruego que te digan: «Señor, quiero hacer tu voluntad y no la mía».

Te lo pido en el nombre de Jesús.

Oración por mis hijos

_____
_____
_____
_____
_____
_____
_____

Bloque de oración # 55

Señor, muéstrame tu propósito para mi vida

Sabemos que a los que aman a Dios, todas las cosas les ayudan a bien, esto es, a los que conforme a su propósito son llamados.

ROMANOS 8:28

Señor, tú me conoces antes que naciera. Gracias porque me predestinaste para ser salva y hecha conforme a la imagen de Jesús. Gracias porque me llamaste y me preparaste para glorificarme (Romanos 8:29-30). Dame un claro sentido de tu propósito en mi vida. Ayúdame a entender cuál es la esperanza de mi vocación y la extraordinaria grandeza de tu poder para que yo pueda cumplir ese propósito. Te ruego que todo lo que haga apoye tus planes para mi vida. Muéstrame los dones que has puesto en mí, y lo mejor que puedo desarrollarlos y usarlos para tu agrado y alto propósito. Ayúdame a vivir cada día con un profundo sentido de tu liderazgo en mi vida.

Te lo pido en el nombre de Jesús.

Oración por mí

_____

_____

_____

Dales a mis hijos un sentido de propósito

*Que él conceda los deseos de tu corazón y
haga que todos tus planes tengan éxito.*

Salmo 20:4, ntv

Señor, muéstrame cómo orar de manera específica por (nombre de los hijos), a fin de que entiendan tus planes y llamados para sus vidas. Cuando tu respuesta a cuál es su propósito parezca que tarda mucho tiempo en llegar, ayúdalos a no desanimarse. Auxíliame para alentarlos y darles información útil sin ser crítica. Ayúdalos a escuchar tu voz de modo que tengan una palabra en su corazón de ti. Permite que esta sea un trampolín que les impulse por el buen camino. Dales un gran sentido de dirección y propósito que rebase todo temor, duda, pereza, tentación, derrota y fracaso. Guárdame fuerte en la oración hasta que tu propósito se cumpla en sus vidas.

Te lo pido en el nombre de Jesús.

Oración por mis hijos

_____
_____
_____
_____

Bloque de oración # 56

Señor, ayúdame para cuidar de mí

Si ustedes comen o beben, o hacen alguna otra cosa, háganlo todo para la gloria de Dios.

1 Corintios 10:31, RVC

Señor, encomiendo mi cuerpo a ti como templo de tu Espíritu Santo. Enséñame cómo cuidarlo de forma adecuada. Muéstrame cómo debo comer y lo que debo evitar. Elimina todo deseo por alimentos que sean dañinos para mí. Dame equilibrio y sabiduría. Ayúdame a purificarme de todo lo que contamine mi cuerpo y espíritu que no te honre a ti (2 Corintios 7:1). Permíteme obedecerte en esto de modo que pueda vivir a tu manera y morar en la paz que tú tienes para mí. Muéstrame dónde permito que el estrés innecesario controle mi vida, y ayúdame a dar pasos para aliviarlo. Enséñame a simplificar mi vida, a fin de que pueda vivir mejor y estar más saludable.

Te lo pido en el nombre de Jesús.

Oración por mí

_____

_____

_____

Permite que mis hijos tomen decisiones para la buena salud

Si escuchas atentamente la voz del Señor tu Dios, y haces lo que es recto ante sus ojos, y escuchas sus mandamientos, y guardas todos sus estatutos, no te enviaré ninguna de las enfermedades que envié sobre los egipcios; porque yo, el Señor, soy tu sanador.

Éxodo 15:26, LBLA

Señor, te ruego que (nombre de los hijos) disfruten de buena salud y una larga vida. Dales la sabiduría y el conocimiento necesarios para reconocer que su cuerpo es templo de tu Espíritu Santo. Ayúdalos a valorar la buena salud como un regalo de ti y a no darla por sentado como lo hacen muchos jóvenes. Enséñales a ser disciplinados en la manera de comer, ejercitarse y procurar el descanso apropiado. Te ruego que los hábitos del buen cuidado del cuerpo se establezcan pronto en su vida. Sin embargo, en el caso de que ya comenzaran los malos hábitos, te ruego que los rompas en ellos.

Te lo pido en el nombre de Jesús.

Oración por mis hijos

Bloque de oración # 57

Señor, envía tu Palabra para que me sane

En su angustia clamaron al SEÑOR y Él los salvó de sus aflicciones. Él envió su palabra y los sanó y los libró de la muerte.

SALMO 107:19-20, LBLA

Señor, gracias por tu poder sanador a mi favor. Gracias porque enviaste tu Palabra para sanarme. Gracias porque escuchaste mis oraciones. Creo que tú, Jesús, eres la Palabra viva. Tú pagaste el precio en la cruz a fin de comprar sanidad para mí. Sufriste mis dolores y llevaste mis enfermedades. Hay sanidad en tu nombre, y creo que eres mi Sanador. Te ruego que tu Palabra cobre vida en mi corazón cada vez que la lea, hable o la escuche, y que sea medicina para mi cuerpo. Te alabo, Señor, por todas tus promesas de seguridad, protección y sanidad para mí. Decido creer tu Palabra y tener fe en ti y tu poder para sanar.

Te lo pido en el nombre de Jesús.

Oración por mí

_____

_____

_____

Vigila la salud de mis hijos

*Mas él herido fue por nuestras rebeliones,
molido por nuestros pecados; el castigo
de nuestra paz fue sobre él, y por su
llaga fuimos nosotros curados.*

Isaías 53:5

Señor, ayuda a mis hijos a comprender el precio que pagó Jesús a fin de salvarnos y traernos sanidad. Te ruego que se sientan culpables si no someten sus cuerpos a ti ni se cuidan (Romanos 12:1). Ayúdalos a valorar lo suficiente su cuerpo para tratarlo bien. Enséñales el buen camino para vivir. Cuando no se sientan bien, guía a todos los médicos que los vean y los traten. Permíteles hacer el diagnóstico adecuado y a saber qué hacer con exactitud. Cuando parezca que la sanidad tarda mucho en llegar, ayúdanos a no darnos por vencidos ni a perder la esperanza, sino a que, en su lugar, aumentemos el fervor y la frecuencia de nuestras oraciones a ti por sanidad.

Te lo pido en el nombre de Jesús.

Oración por mis hijos

Bloque de oración # 58

Señor, ayúdame a encontrar tu gracia en mi momento de necesidad

Así que acerquémonos confiadamente al trono de la gracia para recibir misericordia y hallar la gracia que nos ayude en el momento que más la necesitemos.

HEBREOS 4:16, NVI®

Señor, gracias porque tú eres un Dios de misericordia y gracia. Te doy gracias porque tú eres bueno y me extiendes tu misericordia para siempre (Salmo 136:1). En especial, te pido misericordia para los momentos que atravieso problemas por los cuales me culpo. Tu misericordia extendida hacia mí es una señal de tu constante, profundo e inquebrantable amor por mí, y me dice que siempre tengo tu respaldo. Tu bondad inmerecida hacia mí, porque me salvaste, ha sido tu mayor regalo de gracia para mí. Ayúdame a experimentar y a reconocer tu gracia en cada una de mis luchas. Ayúdame a recordar que tu gracia es siempre suficiente para mí.

Te lo pido en el nombre de Jesús.

Oración por mí

_____

_____

Corona la vida de mis hijos con tus misericordias

Bendice, alma mía, a Jehová, y no olvides ninguno de sus beneficios. Él es quien perdona todas tus iniquidades, el que sana todas tus dolencias; el que rescata del hoyo tu vida, el que te corona de favores y misericordias.

Salmo 103:2-4

Señor, gracias porque perdonas, sanas y rescatas del hoyo nuestras vidas. Te ruego que (nombre de los hijos) vean con claridad cómo actúas en su favor. Derrama tu amorosa bondad y misericordia sobre sus vidas y ayúdalos a reconocerlas. Te pido que cuando sientan que han hecho algo malo y que no merecen tu gracia y misericordia, que corran a ti para recibir esos regalos en tiempos difíciles. Enséñales a comprender que tú siempre los recibes bien cuando van a ti con un corazón humilde y arrepentido porque los amas y no dejarás de mostrarles tu misericordia.

Te lo pido en el nombre de Jesús.

Oración por mis hijos

_____

_____

_____

Bloque de oración # 59

Señor, enséñame a ser una buena amiga de los demás

Más valen dos que uno solo, pues tienen mejor remuneración por su trabajo. Porque si uno de ellos cae, el otro levantará a su compañero.

Eclesiastés 4:9-10, lbla

Señor, gracias por las personas que has puesto en mi vida. Fortalece más todas mis relaciones buenas. Ayúdame a lidiar con las difíciles de una manera que te agrade a ti. Elimina cualquier relación irremediablemente destructiva de mi vida, ya sea cambiándola para mejor o ayudándome a alejarme de ella. Dame sabiduría en cuanto a las amistades que escojo. Ayúdame a nunca tener una relación con alguien que me aparte del camino que tienes para mí. Si hay alguna relación que tengo que sea destructiva para alguno de nosotros, permítenos cambiarla con el fin de hacer que sea mejor o ayúdanos a dejarla que se vaya. Enséñame a ser una buena amiga de los demás.

Te lo pido en el nombre de Jesús.

Oración por mí

_____

_____

Ayuda a mis hijos para que escojan sus amistades con sabiduría

Los justos dan buenos consejos a sus amigos,
los perversos los llevan por mal camino.

PROVERBIOS 12:26, NTV

Señor, te ruego que le des discernimiento a (nombre de los hijos) cuando escogen sus amistades. Te pido que se alejen de amigos que son impíos o que serán una influencia negativa para sus vidas. Fortalécelos para que no tengan amistad con alguien que no sea piadoso a fin de obtener aceptación. Te ruego que si hay alguna mala influencia en su vida ahora mismo, que o bien transformes a esa persona a tu semejanza o que la saques de la esfera de influencia en la vida de mis hijos. Tu Palabra dice que el que anda con sabios será sabio, y cualquiera que anda con necios será quebrantado (Proverbios 13:20). Haz que mis hijos se acerquen a los sabios y piadosos.

Te lo pido en el nombre de Jesús.

Oración por mis hijos

Bloque de oración # 60

Señor, guárdame del mal camino

*La discreción velará sobre ti, el
entendimiento te protegerá, para
librarte de la senda del mal.*

Proverbios 2:11-12, lbla

Señor, te ruego que me des sabiduría y discernimiento de modo que pueda identificar el mal en el momento que se presente. Guárdame de que me cieguen sus sendas destructivas. Dame discreción a fin de que siempre haga lo que es bueno y a que nunca comprometa mi andar contigo. Dame un claro entendimiento acerca de tus caminos para que identifique de manera infalible la intromisión del pecado y del mal sobre mi vida. Te pido que siempre me libres de los planes del enemigo antes de que se pongan en marcha e intenten establecer alguna influencia en mí. Ayúdame a hacer siempre una clara distinción entre tus caminos y los del enemigo.

Te lo pido en el nombre de Jesús.

Oración por mí

_____
_____
_____
_____

Permite que mis hijos se resistan a las malas influencias

El camino de los rectos se aparta del mal;
su vida guarda el que guarda su camino.

Proverbios 16:17

Señor, te ruego que esta cultura mundana no tenga control en mis hijos. Elimina cualquier apego en su vida por el mal de este mundo y líbralos a fin de que se apeguen solo a ti. Dales el entendimiento que los salvará del camino del mal. Ayúdalos a confiar en ti y en tu poder, y a que no le den «lugar al diablo» (Efesios 4:27). Te pido que busquen tu dirección para su vida, y haz que seas su «refugio» donde los guardes de la angustia. Te ruego que siempre escuchen y obedezcan tu voz en su alma, diciendo: «Este es el camino, [anden] por él» (Isaías 30:21).

Te lo pido en el nombre de Jesús.

Oración por mis hijos

_____
_____
_____
_____
_____

Bloque de oración # 61

Señor, ayúdame a no tener dudas acerca de mi futuro

*Ciertamente hay un futuro, y tu
esperanza no será cortada.*

Proverbios 23:18, lbla

Señor, hay muchas cosas aterradoras que ocurren en el mundo que me rodea. Ayúdame a no dudar que mi futuro está seguro en ti, sin importar lo que esté sucediendo. Gracias por el gran futuro que tienes para mí porque tú me amas (1 Corintios 2:9). Gracias porque nunca estoy sola. Gracias porque tú nunca me dejas ni abandonas, y mi futuro contigo está siempre seguro. Ayúdame a no sentir miedo cuando las cosas se vuelvan inestables. Ayúdame a confiar en que mi esperanza en ti nunca será cortada.

Te lo pido en el nombre de Jesús.

Oración por mí

_____

_____

_____

_____

_____

Dales a mis hijos un futuro de paz

*Fíjate en el hombre honrado y sin tacha:
el futuro de ese hombre es la paz.*

Salmo 37:37, dhh

Señor, te ruego por (nombre de los hijos) a fin de que tengan un futuro que sea bueno, largo, próspero y seguro porque están en tus manos. Gracias porque tus planes para ellos son darles un futuro de paz, esperanza y prosperidad. Vuelve sus corazones hacia ti de modo que siempre tengan en mente tu voluntad y tus caminos. Guárdalos de malgastar su tiempo en una senda que no bendecirás. Ayúdalos a correr la carrera que tienen por delante, a fin de que terminen fuertes y reciban el premio que tienes para sus vidas (1 Corintios 9:24). Que nada los separe de ti ni del futuro de paz que tienes para ellos.

Te lo pido en el nombre de Jesús.

Oración por mis hijos

Bloque de oración # 62

Señor, ayúdame a nunca rendirme

No nos cansemos, pues, de hacer bien; porque a su tiempo segaremos, si no desmayamos.

GÁLATAS 6:9

Señor, impídeme caer en el desánimo. Ayúdame a aferrarme a tus promesas de manera que estén grabadas en mi corazón y estén vivas dentro de mí. No permitas que me «[acuerde] de las cosas pasadas, ni [traiga] a memoria las cosas antiguas» (Isaías 43:18). Sé que estás haciendo algo nuevo en mí. Te ruego que «pronto [salga] a la luz». Te pido que abras «un camino en el desierto» y que hagas que «corran ríos en el páramo» para mí (Isaías 43:18-19, RVC). Sé que a veces tengo prisa para que sucedan las cosas, y te pido que me perdones cuando trato de ponerte en mi horario. Te ruego que por paciencia gane mi alma (Lucas 21:19). Ayúdame a nunca darme por vencida, sino más bien a confiar que tú llevarás «a cabo los planes que tiene para mi vida» (Salmo 138:8, NTV).

Te lo pido en el nombre de Jesús.

Oración por mí

Guarda a mis hijos del desánimo

Consideren a aquel que sufrió tanta contradicción de parte de los pecadores, para que no se cansen ni se desanimen.

Hebreos 12:3, RVC

Señor, te ruego que mis hijos sean capaces de correr «con paciencia la carrera que tenemos por delante» poniendo siempre los ojos en Jesús (Hebreos 12:1-2). A la primera señal de desánimo, ayúdalos a recordar todo lo que tú, Jesús, sufriste por ellos. Ayúdalos a recordar que tú eres «poderoso para hacer todas las cosas mucho más abundantemente de lo que pedimos o entendemos, según el poder que actúa en nosotros» (Efesios 3:20). Guíalos paso a paso de modo que nunca pierdan la esperanza ni pierdan el camino que tienes para sus vidas. Te ruego que tú, el Dios de esperanza, los llenes con tu gozo y paz para que rechacen el desánimo y les des «abundante esperanza por el poder del Espíritu Santo» (Romanos 15:13, DHH).

Te lo pido en el nombre de Jesús.

Oración por mis hijos

―――――――――――――――――

―――――――――――――――――

Bloque de oración # 63

Señor, ayúdame a ser santa como tú eres santo

*Nos concedió que fuéramos libres del temor,
al rescatarnos del poder de nuestros enemigos,
para que le sirviéramos con santidad y justicia,
viviendo en su presencia todos nuestros días.*

Lucas 1:74-75, NVI®

Señor, ayúdame a ser santa como tú eres santo. Jesús, ayúdame a andar como tú anduviste en la tierra (1 Juan 2:6). Permíteme ser una imitadora de ti (Efesios 5:1). Lávame con tu sanidad y límpiame desde dentro hacia fuera por el poder de tu Espíritu en mí. Revela todo lo que está oculto en mí de lo que necesito librarme: cualesquiera actitudes, pensamientos o pecados que deban eliminarse de mi vida. Sepárame de todo lo que me separa de ti, y ayúdame a librarme de cualquier cosa en mi vida que no te glorifique. Dame la convicción y la fortaleza que necesito para apartarme de todo lo que no sea compatible con tu santidad en mí.

Te lo pido en el nombre de Jesús.

Oración por mí

_____
_____

Dales a mis hijos un corazón limpio

Crea en mí, oh Dios, un corazón limpio,
y renueva un espíritu recto dentro de mí.

SALMO 51:10

Señor, cuando mis hijos se alejen de ti de alguna manera, haz que se vuelvan a ti con todo su corazón (Jeremías 24:7). Permite que lleguen a ser nuevas criaturas en Cristo como tú dijiste en tu Palabra (2 Corintios 5:17). Dales un corazón de arrepentimiento; el tipo de corazón que es humilde y se vuelve hacia ti. Siempre que haya alguna rebelión en su vida, te ruego que les crees un corazón limpio y renueves un espíritu recto dentro de ellos. Quita todo orgullo que les permita pensar que pueden vivir sin ti. Dales el deseo de querer lo que tú quieres, y que lleguen a ser más como tú.

Te lo pido en el nombre de Jesús.

Oración por mis hijos

Bloque de oración # 64

Señor, ayúdame a ser una adoradora que te agrade

Así que, ofrezcamos siempre a Dios, por medio de él, sacrificio de alabanza, es decir, fruto de labios que confiesan su nombre.

Hebreos 13:15

Señor, «¿quién es como tú: glorioso en santidad [...]?» (Éxodo 15:11, NTV). Tú eres poderoso y has hecho grandes cosas por mí. Santo es tu nombre (Lucas 1:49). Ayúdame a mantener siempre un corazón humilde de adoración ante ti. Purifica mi mente y corazón de modo que pueda ser una participante de tu santidad (Hebreos 12:10). Tú eres digno de toda adoración, honra y gloria, pues solo tú eres santo. «Oh Señor, tú eres mi Dios; te ensalzaré, daré alabanzas a tu nombre, porque has hecho maravillas» (Isaías 25:1, LBLA). Canto alabanzas a ti, Señor, y celebro la memoria de tu santidad (Salmo 30:4). Te adoro en la hermosura de tu santidad (Salmo 29:2).

Te lo pido en el nombre de Jesús.

Oración por mí

_____
_____
_____

Permite que mis hijos tengan un corazón agradecido hacia ti

*Ofrece a Dios sacrificio de acción de
gracias, y cumple tus votos al Altísimo;
e invócame en el día de la angustia;
yo te libraré, y tú me honrarás.*

SALMO 50:14-15, LBLA

Señor, te ruego por (nombre de los hijos) y te pido que les des un corazón de acción de gracias y alabanza hacia ti. Te pido que así como se dijo de tu buen servidor fiel Daniel que «había en él un espíritu superior» (Daniel 6:3), se diga de mis hijos que un espíritu superior está en ellos. Enséñales a reconocer todo lo que has hecho a su favor y haz que quieran darte gracias cada día por todo eso. Dales un corazón de adoración y alabanza hacia ti, a fin de que te agrade. Gracias porque los librarás en tiempos de angustia.

Te lo pido en el nombre de Jesús.

Oración por mis hijos

Bloque de oración # 65

Señor, ayúdame a servirte al cuidar de mí

Por precio habéis sido comprados; por tanto, glorificad a Dios en vuestro cuerpo y en vuestro espíritu, los cuales son de Dios.

1 Corintios 6:20, LBLA

Señor, ayúdame a descansar en la noche como tú estableciste que hiciera, pues sé que «un corazón apacible es vida para el cuerpo» (Proverbios 14:30, LBLA). Ayúdame a ejercitarme como debo, a fin de que mi cuerpo permanezca fuerte. Donde he atrincherado malos hábitos por mucho tiempo cuando se trata del cuidado adecuado de mi cuerpo, te pido que me los reveles todos y que pueda tomar las medidas necesarias para liberarme. Ayúdame a amar y apreciar mi cuerpo y a no descuidarlo. Permíteme elegir siempre la vida (Deuteronomio 30:19). Sé que a pesar de que mi carne y mi corazón desfallecen, tú eres la fortaleza de mi corazón para siempre (Salmo 73:26, LBLA. Haz posible que vayan mis «fuerzas en aumento» por el poder de tu Espíritu, para que disfrute de una buena salud y un mejor servicio a ti (Salmo 84:7, DHH).

Te lo pido en el nombre de Jesús.

Oración por mí

Ayuda a mis hijos a tomar decisiones para la salud

Así que, hermanos, os ruego por las misericordias de Dios, que presentéis vuestros cuerpos en sacrificio vivo, santo, agradable a Dios, que es vuestro culto racional.

Romanos 12:1

Señor, te ruego que mis hijos tomen decisiones sabias cuando se trata del cuidado de su cuerpo. Permíteles verlas como una muestra de amor y obediencia a ti, y como una de las maneras de honrarte y glorificarte. Enséñales a verlas como su culto racional a ti. Ayúdalos a conocer la verdad acerca de la forma en que viven, a fin de que puedan ser libres de hábitos malsanos. Te ruego que valoren el cuerpo que les diste y deseen cuidarlo como es apropiado. Enséñales la manera adecuada de vivir. Muéstrame cómo ayudarlos e infundir en ellos un deseo por las cosas que los mantiene con buena salud.

Te lo pido en el nombre de Jesús.

Oración por mis hijos

Bloque de oración # 66

Señor, consuélame en tiempos de angustia

Bienaventurados los pobres en espíritu, porque de ellos es el reino de los cielos. Bienaventurados los que lloran, porque ellos recibirán consolación.

MATEO 5:3-4

Señor, ayúdame a recordar que sin importar cuán oscura quizá sea mi situación, tú eres la luz de mi vida y nunca se puede apagar. No importa cuán negras sean las nubes que se asienten sobre mi vida, tú me levantarás por encima de la tormenta y hacia el consuelo de tu presencia. Solo tú puedes tomar cualquier experiencia de pérdida y llenar ese lugar vacío con bien. Solo tú puedes quitar mi dolor y pena, y secar mis lágrimas. «Respóndeme cuando clamo, oh Dios de mi justicia. Cuando estaba en angustia, tú me hiciste ensanchar; ten misericordia de mí, y oye mi oración» (Salmo 4:1). Quiero estar fuerte en tu verdad y no dejarme arrastrar por mis circunstancias.

Te lo pido en el nombre de Jesús.

Oración por mí

_____

_____

Consuela a mis hijos cuando sufren

Ten misericordia de mí, oh Dios, ten misericordia de mí; porque en ti ha confiado mi alma, y en la sombra de tus alas me ampararé hasta que pasen los quebrantos.

SALMO 57:1

Señor, en tu Palabra dices que aun cuando la gente mala trate de destruir al justo, tú no lo permitirás (Salmo 37:32-33). Protege a mis hijos de cualquier mal. Acompáñalos cuando estén en aguas profundas. Y cuando pasen por el fuego, permíteles que no se quemen ni consuman (Isaías 43:2). Guíalos a través de cada valle mientras haces que crezca su confianza en ti. Enséñales a ocultarse bajo el amparo de protección que provees para todos los que te aman y viven a tu manera. Dales el discernimiento para reconocer a tu Espíritu consolándolos en tiempos de angustia. Ayúdalos a no desanimarse, sino a mirarte a ti como su fuente de ayuda.

Te lo pido en el nombre de Jesús.

Oración por mis hijos

_____

_____

_____

Bloque de oración # 67

Señor, ayúdame a confiar en que tú respondes cuando oro

*Y todo lo que pidiereis en oración,
creyendo, lo recibiréis.*

MATEO 21:22

Señor, ayúdame a orar fuerte en la fe. Quiero orar siempre sin tener dudas que tú escuchas mis oraciones y que responderás según tu voluntad. Ayúdame a orar no solo acerca de mis necesidades, sino también acerca de las necesidades de otros. Muéstrame cómo orar por todas las cosas. Permíteme «[orar] sin cesar» (1 Tesalonicenses 5:17). Ayúdame a dejar las cosas sobre las que te pido a tus pies y en tus manos. Enséñame a confiar tanto en ti que no tenga ideas preconcebidas sobre cómo deben responderse mis oraciones. Sé que mi responsabilidad es orar, y tú responderás de la forma que encuentres adecuada. Ayúdame a confiar en que escuchas mis oraciones y que las responderás a tu manera y en tu tiempo.

Te lo pido en el nombre de Jesús.

Oración por mí

_____

_____

_____

Ayuda a mis hijos a creer que tú siempre escuchas sus oraciones

Los ojos del Señor están sobre los justos, y sus oídos atentos a sus oraciones; pero el rostro del Señor está contra aquellos que hacen el mal.

1 Pedro 3:12

Señor, ayuda a mis hijos a entender la conexión entre vivir a tu manera y las poderosas respuestas a sus oraciones. Permíteles ver que no pueden seguir su propio camino, haciendo lo que quieran fuera de tus caminos para sus vidas, y esperar que se cumplan sus peticiones. Enséñales tu Palabra que dice: «Si observo iniquidad en mi corazón, el Señor no me escuchará» (Salmo 66:18, LBLA). Ábreles sus ojos a fin de que comprendan bien que permitiendo cualquier pecado en sus vidas provoca que no escuches sus oraciones hasta que estén a bien contigo al humillarse ante ti y arrepentirse de cualquier pecado. Haz que entiendan que debido a que eres omnisciente, no te pueden guardar ningún secreto.

Te lo pido en el nombre de Jesús.

Oración por mis hijos

_____

_____

Bloque de oración # 68

Señor, dame fe que te agrade

Sin fe es imposible agradar a Dios, porque es necesario que el que se acerca a Dios crea que él existe, y que sabe recompensar a quienes lo buscan.

HEBREOS 11:6, RVC

Señor, gracias por el don de la fe que me has dado. Aumenta mi fe cada día mientras leo tu Palabra. Dame una fe fuerte para creer las respuestas a mis oraciones. Sé que no se trata de mí tratando de establecer una gran fe por mi cuenta, sino que la fe viene de tu Espíritu y tu Palabra. Sé que «todo lo que no proviene de fe, es pecado», así que confieso toda duda en mí (Romanos 14:23). Tu Palabra dice que el que duda es inconstante y de doble ánimo, y no puede agradarte (Santiago 1:6-8). Te ruego que me hagas lo bastante fuerte en la fe de modo que te agrade.

Te lo pido en el nombre de Jesús.

Oración por mí

_____
_____
_____
_____
_____

Dales a mis hijos una fe fuerte en ti y en tu Palabra

*La fe es por el oír, y el oír, por
la palabra de Dios.*

Romanos 10:17

Señor, enseña a (nombre de los hijos) a andar por fe y no por vista. Ayúdalos a escuchar tu Palabra y a creer lo que dice, de modo que puedan permanecer firmes en tus promesas y a no dudar. Te ruego que su fe fuerte se convierta en un escudo contra el enemigo con el que «[apaguen] todos los dardos de fuego del maligno» (Efesios 6:16). Cuando oren, permíteles «pedir con fe y sin dudar nada» (Santiago 1:6, RVC). Ayúdalos a entender que la duda es pecado a tus ojos (Romanos 14:23). Aumenta su fe cada día, a fin de que puedan hacer grandes cosas para tu gloria.

Te lo pido en el nombre de Jesús.

Oración por mis hijos

_____

_____

_____

_____

Bloque de oración # 69

Señor, ayúdame a comprender tu amor por mí

Dios muestra su amor por nosotros en que, cuando aún éramos pecadores, Cristo murió por nosotros.

Romanos 5:8, RVC

Señor, gracias porque tú eres el Dios de amor. Gracias por amarme aun antes de conocerte (Romanos 5:8). Gracias por amarme lo suficiente para enviar a tu Hijo, Jesús, a morir por mí y llevar sobre Él todo lo que merecía yo. Gracias, Jesús, que me amas lo bastante para darme vida contigo por la eternidad y una buena vida ahora. Ayúdame a comprender la profunda e incondicional naturaleza de tu amor por mí, pues sé que gran medida de mi salud y plenitud solo puede suceder en presencia de tu amor. Permíteme que pueda abrirme y recibir tu amor de todas las maneras que no he reconocido antes. Tú eres el amor de mi vida y no puedo vivir un momento sin ti.

Te lo pido en el nombre de Jesús.

Oración por mí

_____

_____

Haz que mis hijos sientan siempre tu amor

Nosotros le amamos a él, porque
él nos amó primero.

1 Juan 4:19

Señor, permíteme mostrarles amor a mis hijos de una manera que puedan percibirlo en cada momento. Ayúdalos a ver tu amor en mí y a ser capaces de comprenderlo con claridad. Te ruego que tu amor cautive sus vidas y reconozcan que tu amor es puro, incondicional, constante y siempre tiene sus mejores intereses de corazón. En respuesta a tu amor por ellos, enséñales a expresarte su amor con un corazón de adoración, alabanza y agradecimiento. Te ruego que siempre les resulte fácil amarte y darte gracias.

Te lo pido en el nombre de Jesús.

Oración por mis hijos

___
___
___
___
___

Bloque de oración # 70

Señor, enséñame a amar a otros de la manera que lo haces tú

*El que no ama, no ha conocido a
Dios; porque Dios es amor.*

1 Juan 4:8

Señor, sé que una de las maneras en que puedo mostrar amor por ti es viviendo a tu manera. Una de las mejores formas de hacerlo es extendiéndoles a otros el amor que me has dado. Sé que no puedo amar a los demás de la manera que quieres que lo haga sin que tu amor en mí cambie mi corazón para que sea más como el tuyo. Te pido que viertas tu amor en mi corazón en mayor medida hoy, de modo que se derrame hacia los demás. No quiero que ninguna falta de amor en mí haga que parezca que no te conozco. Quiero que las personas sepan que te conozco por tu amor en mí por ellas.

Te lo pido en el nombre de Jesús.

Oración por mí

_____
_____
_____
_____
_____

Ayuda a mis hijos a tener un corazón de amor por otros

Si Dios así nos amó, también nosotros debemos amarnos unos a otros.

1 Juan 4:11, lbla

𝒮𝑒ñ𝑜𝑟, te ruego que mis hijos siempre tengan un corazón de amor por otros. Ayúdalos a entender tu amor por ellos de tal manera que estén dispuestos a recibirlo de veras cada día. Muéstrales cómo tu amor por ellos y en ellos requiere que amen a los demás con ese mismo amor. Enséñales que parte de hacer realidad su propósito en la vida es mostrando amor por otros de la manera en que tú nos amas a nosotros. Si les resulta difícil hacerlo, ayúdame a demostrarlo con claridad en mi propia vida por la forma en que los amo a ellos y a los demás que me rodean.

Te lo pido en el nombre de Jesús.

Oración por mis hijos

_____

_____

_____

_____

_____

Bloque de oración # 71

Señor, ayúdame a escuchar las instrucciones de tu Espíritu

Todos los que son guiados por el Espíritu de Dios, los tales son hijos de Dios.

ROMANOS 8:14, LBLA

Señor, en tu presencia todo tiene sentido. Cuando estoy contigo, siento que tu paz, amor y gozo aumentan en mí. Cuando no paso tiempo contigo, extraño en gran medida ese invaluable sentido de la plenitud de tu presencia. Vengo ante ti y te pido que me llenes de nuevo con tu Espíritu Santo hoy. Límpiame con tu agua viva. Lávame de cualquier duda, temor o preocupación que tenga en mi corazón. Quita todo lo que esté en mí que no sea de ti. Permíteme andar en el Espíritu y no en la carne, y que dé muestras del fruto de tu Espíritu (Gálatas 5:16-17). Ayúdame para que siempre me guíe tu precioso Espíritu Santo, de modo que nunca me aparte del camino que tienes para mí.

Te lo pido en el nombre de Jesús.

Oración por mí

_____

_____

_____

Guía a mis hijos por medio de tu Espíritu Santo

Los que viven conforme a la carne, ponen la mente en las cosas de la carne, pero los que viven conforme al Espíritu, en las cosas del Espíritu.

ROMANOS 8:5, LBLA

Señor, tu Palabra dice que tu Espíritu Santo «da testimonio a nuestro espíritu, de que somos hijos de Dios» (Romanos 8:16). Te ruego por cada uno de mis hijos para que en su espíritu siempre sientan que son hijos tuyos. Te pido, conforme a tu Palabra, que derrames tu Espíritu sobre ellos y que te escuchen hablándoles lo que necesiten saber, hacer y decir. Guíalos en todo lo que hacen. No dejes que se paralicen por la indecisión debido a que no tengan una palabra en su corazón de ti. Dales la revelación que llene sus mentes y corazones con una visión para sus vidas que le abra los ojos a lo que les llama a hacer.

Te lo pido en el nombre de Jesús.

Oración por mis hijos

Bloque de oración # 72

Señor, ayúdame a descansar en tu Palabra

La palabra de Dios es viva y eficaz, y más cortante que toda espada de dos filos; y penetra hasta partir el alma y el espíritu, las coyunturas y los tuétanos, y discierne los pensamientos y las intenciones del corazón.

Hebreos 4:12

Señor, mi deleite no está en el consejo del impío, sino que está en tu ley. Ayúdame a meditar en tu Palabra cada día y noche de modo que pueda ser como un árbol plantado a la orilla de un río que, cuando llega su tiempo, da fruto y no se marchita, a fin de que prospere en todo lo que haga (Salmo 1:1-3, NVI®). Permíteme vivir a tu manera para que mis oraciones siempre sean agradables a tus ojos (Proverbios 28:9). Te ruego que tu Palabra revele lo que está en mi corazón y me limpie de todo mal, dejando al descubierto cualquier cosa que no esté de acuerdo a tu voluntad para mi vida. Enséñame la manera adecuada de vivir para que mi vida marche como te propusiste que lo hiciera.

Te lo pido en el nombre de Jesús.

Oración por mí

Enseña a mis hijos a vivir a tu manera

Si permanecen en mí y mis palabras permanecen en ustedes, pidan lo que quieran, y se les concederá.

JUAN 15:7, NVI®

Señor, crea un corazón de amor en (<u>nombre de los hijos</u>) por tu Palabra y tus caminos. Infúndeles aliento mientras leen tu Palabra, de modo que cobre vida para ellos. Dales una fuerte fe en tu Palabra para que la vivan y confíen en ella. Te ruego que nunca se aparten de tus leyes y hagan que sus oraciones sean abominación para ti, sino que más bien vivan por tu Palabra y permitan que tus palabras vivan en ellos. Al hacerlo, verán tus respuestas a sus oraciones.

Te lo pido en el nombre de Jesús.

Oración por mis hijos

Bloque de oración # 73

Señor, ayúdame a avanzar en la libertad que tienes para mí

El Señor es el Espíritu; y donde está el Espíritu del Señor, allí hay libertad.

2 Corintios 3:17

Señor, sé que la verdadera libertad y liberación vienen de ti y de tu Espíritu obrando en mi vida. Ayúdame a vivir en el Espíritu y no en la carne. Enséñame a morar en tu presencia a través de la alabanza, la adoración y la lectura de tu Palabra, de modo que me pueda liberar de todos y cada uno de los deseos en que esté cautiva que no sean de ti. Recuérdame buscar tu presencia cada mañana antes de que mi día atrape mi atención. Sé que siempre puedo encontrar libertad solo al ir ante ti en adoración y alabanza. Y cuando encuentre liberación en mi vida, permíteme estar firme en la libertad con la que me hiciste libre (Gálatas 5:1).

Te lo pido en el nombre de Jesús.

Oración por mí

_____

_____

_____

_____

Liberta a mis hijos de cualquier atracción al pecado

*Si el Hijo los liberta, serán
verdaderamente libres.*

Juan 8:36, rvc

Señor, sé que cuando cometemos pecados nos convertimos en esclavos del pecado (Juan 8:34). Impide que (<u>nombre de los hijos</u>) nunca queden cautivos de nada ni nadie. Sé que tus planes para su vida son de total libertad. Ayúdalos a entender que donde tú estás, hay libertad. Enséñales a sentir tu presencia cuando te adoran y alaban, y cada vez que te buscan en oración. Ayúdalos a conocer la verdad de tu Palabra que los libera, de modo que nunca los atrape nada. Libéralos de toda atracción al pecado de cualquier tipo. No dejes que les cieguen las mentiras del enemigo disfrazadas como verdad.

Te lo pido en el nombre de Jesús.

Oración por mis hijos

_____
_____
_____
_____
_____

Bloque de oración # 74

Señor, permíteme identificar con rapidez la obra del enemigo

*Los que amáis al Señor, aborreced el
mal; Él guarda las almas de sus santos;
los libra de la mano de los impíos.*

Salmo 97:10, lbla

Señor, gracias porque me has dado la victoria sobre el enemigo. Debido a que te amo y aborrezco la obra mala del enemigo, tú prometes librarme de las manos de los impíos cuando clamo a ti. Te pido que me permitas identificar de inmediato la obra del enemigo tratando de invadir mi vida. Guárdame de darle alguna oportunidad a la obra del enemigo al permitir cualquier pecado en mi vida. Mantenme desengañada. Si estoy albergando algo en mi mente, corazón o vida que no te agrada, líbrame de esa ceguera.

Te lo pido en el nombre de Jesús.

Oración por mí

_____
_____
_____
_____

Protege a mis hijos de los planes del enemigo

Ningún arma forjada contra ti prosperará, y condenarás toda lengua que se alce contra ti en juicio. Esta es la herencia de los siervos del Señor, y su justificación viene de mí —declara el Señor.

Isaías 54:17, LBLA

Señor, tu Palabra dice que tú viniste «a pregonar libertad a los cautivos» y «a poner en libertad a los oprimidos» (Lucas 4:18). Te pido que allí donde (nombre de los hijos) quedaran cautivos por las mentiras del enemigo, tú los liberes. Donde estén oprimidos por los planes del enemigo para su destrucción, te pido que los libres de esa tormenta. Rompe cualquier fortaleza que el enemigo haya levantado en su contra. Te ruego que no prospere ninguna arma forjada contra mis hijos. Guárdalos libres de todas las influencias del mal. Haz que identifiquen con rapidez al maligno y huyan de este a la seguridad de tu presencia.

Te lo pido en el nombre de Jesús.

Oración por mis hijos

Otros libros de Stormie Omartian

El poder de los padres que oran
Stormie vuelve la vista atrás, a los veinte años de crianza de los hijos, y considera el poder de la oración por sus hijos. En estos capítulos fáciles de leer, narra la experiencia personal en cuanto a cómo los padres pueden orar por la seguridad de sus hijos, el desarrollo del carácter, la relación con Dios, y mucho más.

El poder de la oración por tus hijos adultos
En este libro que le sigue a *El poder de los padres que oran*, Stormie se centra en los aspectos de preocupación que quizá tengas por tus hijos adultos y nos narra cómo levantarlos de manera eficaz hasta Dios. No importa la edad que tengan, puedes descansar en el poder de Dios obrando a través de tus oraciones por ellos.

Guerrero de oración
Para todo cristiano que quiera una poderosa vida de oración que sea algo más que pedir bendiciones, la autora de superventas, Stormie Omartian, te muestra cómo orar, con fortaleza y propósito, oraciones que resulten en una gran victoria, no solo en lo personal, sino también en fomentar el reino y la gloria de Dios.

Guíame, Espíritu Santo
Dios quiere que quienes le conocen escuchen cuando les habla a su corazón a través de su Espíritu Santo. Quiere ayudar a los creyentes a entablar la estrecha relación con Él que tanto anhelan, la plenitud y la libertad que Dios tiene para ellos, y el lugar de seguridad que solo se puede encontrar siguiendo su dirección hacia el centro de su perfecta voluntad.